성공하려면 함께하라

위드하라

성공하려면 함께하라

위드하라

• 김병원 지음 •

쌤앤파커스

혼자 가지 말고,
함께 가라

똑똑한 한 사람이 지식을 독점하고 지배하던 시대는 끝났다. 4차 산업혁명과 초연결 시대로 상징되는 오늘날은 필요하다면 누구나 세상의 거의 모든 정보에 접근할 수 있으며, 그 정보를 토대로 자신의 목소리를 내는 데 주저하지 않는다. 과거 지배적 위치에서 시장을 쥐락펴락하던 기업도 같은 상황에 직면했다. 외부에서는 고객이 기업의 모든 행위를 주시하고 있고, 내부에 있는 직원은 더 이상 직원들이 일방적인 지시에 따르지 않는다. 과거와는 전혀 다른 현실에 마주한 것이다.

이런 분위기에서 협동조합이 새로운 대안으로 떠오르고 있다. 협동조합은 잘 알려진 것처럼 경제적 약자들이 시장 지배자들에 맞서 약자의 편익을 지켜내기 위해 만든 협력체다. 협동조합은 철저하게 공정함과 투명함이라는 민주적 원리에 의해 운영된다. 절차의 공정함과 투명함이 그 어느 때보다 강조되고 있는 오늘날이기 때문에 협동조합의 가치가 더욱 값지게 조명되는 게 아닐까 싶다.

2016년 봄, 전 세계 협동조합을 대표하는 국제협동조합연맹ICA의 모니크 르룩 회장을 만났다. 르룩 회장이 글로벌 농업협동조합 분야에서의 협력을 논의하기 위해 국제협동조합농업기구ICAO의 회장기관인 농협중앙회를 방문했던 자리였다.

바쁜 일정 중에도 시간을 내어 농협 직원들에게 열정적으로 강연을 해준 르룩 회장은 험난하고 불확실한 미래에 협동조합의 상생 원칙이 세계적인 시대정신이 될 수 있음을 강조했다. 더욱이 상생의 가치 확산과 성공을 위해 협동조합 간의 협동, 나아가 국민 모두 상생할 수 있는 운동이 전개되어야 한다고 강조했다. 협동조합의 산증인 르룩 회장의 강연은 대부분 그녀의 경험에서 비롯되었기 때문에 직원들의 가슴에 더 크게 와 닿았을 것이다.

르뤽 회장이 이끄는 캐나다 퀘벡 데자르뎅의 조합원 수
는 무려 580만 명으로, 퀘벡 주민의 70퍼센트에 달하는
규모이다. 데자르뎅의 설립 동기는 여느 협동조합이 그러
했듯 간절함과 절박함이었다. 1900년, 캐나다에서는 거리
가 멀어 은행을 제대로 이용할 수도 없었고 금리가 무려
3,000퍼센트까지 치솟아 올랐다. 그래서 이러한 고리대금
업에 대한 해결책을 모색하는 한편, 가난한 사람들의 자
산을 관리하고 저축 습관을 배양하며 금융의 편의성을 높
이고자 협동조합이 설립된 것이었다.

데자르뎅이 퀘벡을 넘어 캐나다의 대표적인 금융협동
조합이 될 수 있었던 이유가 바로 상생과 위드(with) 정신
이다. 데자르뎅의 지역사회와 조합원 중심 철학은 100년
을 훌쩍 넘는 세월에도 굳건히 지켜져 왔다. 다른 은행이
수익성이 낮다는 이유로 농촌 지점의 문을 닫을 때, 데자
르뎅은 오히려 이 폐쇄 지점을 인수해 조합원의 접근 편
의성을 더 높였다. 또한 '고위험·고수익' 상품 대신, 지역
사회 발전에 집중해서 일반 은행에서는 거래를 기피하는

신설 협동조합, 사회적 기업 등에 연 수백만 달러 규모의
소액대출을 실시하는 사업을 추진해왔다.

데자르뎅은 '모든 사람들은 자신의 운명을 스스로 개
척할 수 있고 또 그렇게 노력해야 한다.'는 자조의 가치를
믿고 있다. 또한 "개인의 발전은 타인과의 관계 속에서만
이 온전히 실현될 수 있다."는 신념을 굳게 지켜왔으며,
더 나아가 '한 사람이 노력하거나 얻을 수 있는 것은 한계
가 있지만, 공동행동과 상호책임을 통해 결집된 영향력을
발휘한다면 더욱 많은 것을 얻을 수 있다.'는 것을 증명해
냈다. 나는 성장과 상생을 동시에 달성해낸 데자르뎅의
모습이 한국 농협의 미래가 되기를 바란다.

한국 농협은 이제 국민 속으로 들어가, 국민의 농협으
로 다시 태어나야 한다. 농업인의 삶의 질 향상에 우선순
위를 두는 동시에, 국민 모두의 삶의 질까지도 개선할 수
있어야 한다. 이제 농협은 한국 협동조합의 리더로서 우
리 사회가 더욱 더 따뜻해질 수 있도록 협동조합의 가치
를 적극적으로 전파해야 한다. 그리고 농업의 가치를 확
산함으로써 농업인과 소비자가 상생하는 생태계를 만들

어야 한다. 그것이 우리가 강조하는 상생과 위드 정신의 참뜻이다.

"결합해서 상호부조를 실천하라! 이것이야말로 각자 그리고 우리 모두가 최대한의 안전을 확보하고 육체적으로, 지적으로 그리고 도덕적으로 살아가고 진보하는 데 가장 든든하고 확실한 수단이다."

크로프트킨의 '상호부조론'은 흘러간 노래가 아니라 다시 되새겨보아야 할 지침이다. 오랜 시간 노력했지만 여전히 우리 농협이 가야 할 길은 멀다. 협동조합의 본질을 다시금 고민하고, 혼자가 아닌 함께 성공하는 방법은 무엇인지 지속적이고 반복적으로 고민해야 한다. 이 책을 계기로 상생과 위드 정신이 우리 모두의 모토가 됐으면 하는 바람이다.

김병원

·목차·

서문
혼자 가지 말고, 함께 가라 · 005

1장
통찰의 워드

'통찰' 없이
'내일' 없다

With Insight

2장
실행의 위드

더딘 함께가
빠른 길이다

With Action

3장
혁신의 위드

타고온 '말'은
버려라

With Innovation

4장
가치의 위드

'당연한 것'이
위대한 것이다

With   Value

1장
통찰의 위드

'통찰' 없이
'내일' 없다

With Insight

01

로치데일의
황소걸음

세상일이 대체로 그렇지만, 계획대로 되는 일보다 되지 않는 일이 많다. 책 한 권 읽는 것조차 그렇다. '이 책은 언제까지 꼭 완독하고 정리해야지.'라고 계획을 세웠다가도 제대로 마치기 쉽지 않다. 예상 못한 일정이 잡히기도 하고 개인적으로 피치 못할 사정에 맞닥뜨리기도 한다. 스스로의 게으름을 자책하고 내일은 미루지 않을 것이라 다짐해보지만, 개운치 않은 기분은 어쩔 수 없는 노릇이다.

계획대로 되지 않은 일에 대한 사람들의 태도를 생각해 본다. 어떤 사람은 그 원인을 외부에서 찾고, 어떤 사람은 그 원인을 자신 자신에게서 찾는다. 원인을 찾는 이 상반된 태도는, 꽤 큰 차이를 낳는다. 외부에서 찾는 이는 원인이 밖에 있으므로, 다시 똑같은 상황이 맞닥뜨렸을 때 자기 의지로 원인을 통제하지 못해 실패를 반복한다. 반면에 자신 내부에서 그 원인을 찾는 이들은 그 과정에서 의지를 가다듬고 가장 적합하고 엄격한 원칙들을 세워 개선해나간다. 어떤 사람이 성장할까? 그리고 우리는 어떤 태도를 취하고 있을까?

"승리는 준비된 자에게 찾아오지만 사람들은 이를 행운이라 부른다. 패배는 준비하지 않은 자에게 오지만 사람들은 이를 불행이라 부른다."

인류 최초로 남극점 정복에 성공한 로얄 아문센은 이렇게 말했다. 어쩌면 이 말은 본인이 얻은 승리를 행운이라고 평가절하한 사람들에 대한 불평처럼 읽힌다. 그러나 본질적으로 행운도 불행도 준비된 결과이다. 그리고 그 준비는 자신이 하는 것이다. 1911년 첫 남극점 정복을 놓고 아문센은 영국의 로버트 스콧과 치열한 경쟁 관계에 놓였다. 막대한 자금과 최첨단 장비를 보유한 쪽은 스콧이었다. 세간의 관심도 스콧에 집중되었다. 그러나 남극점에 최초의 깃발을 꽂은 것은 오히려 아문센이었다. 심지어 스콧은 돌아오는 길에 대원들과 함께 사망하고 말았다.

이들의 성패를 가른 것은 무엇일까? 많은 요인들이 있었지만, 무엇보다 원칙을 세우고 그것을 실천하는 태도였다. 스콧은 날씨가 좋으면 더 많이 전진했고 날씨가 나쁘면 며칠이고 텐트 안에서 머물렀다. 반면에 아문센은 날씨와 관계없이 하루 20마일을 나아간다는 원칙을 세웠다. 남극점에 도달하기까지의 제한된 식량과 체력은 생존과 직결된 것이었으므로, 날씨의 좋고 나쁨과 상관없이 '무조건' 전진해야 한다는 판단이었다. 그리고 이렇게 한번 정한 원칙은 꾸준하고 철저하게 지켜내려 노력했다.

아문센과 스콧의 대결은 우리에게 많은 영감을 준다. 원칙을 지켜내는 태도가 얼마나 중요한 것인지 잘 보여주는 대목이다. 어떤 기업이든 원칙 없는 경영은 실패로 귀결되기 쉽다. 상황이 조금 어렵다고 여기저기 기웃거리며 정작 본질에서 멀어지는 실수를 반복해서는 안 된다. 트렌드에 둔감해서도 안 되겠지만, 그것을 좇나 본말이 전도되면, 결국 더 심각한 상황이 초래될 수도 있다.

고객들은 기업의 겉모습에 혹하는 것이 아니라 내면의 가치에 감동한다. 설립 목적과 지향하는 가치를 뚜렷이 해서 날씨가 나빠도, 날씨가 좋아도 '20마일'씩 묵묵히 걸어 나가야 한다. 그렇지 않으면 스콧이 그랬던 것처럼 목표에 도달할 수 없다.

근대적 협동조합의 효시로 일컬어지는 로치데일 협동조합은 뛰어난 사상가나 탁월한 지도자 혼자서 설립한 것이 아니다. 1943년 노조의 동맹파업이 실패로 돌아간 후 상실감에 빠져 있던 노동자들의 '필요'에 의해 탄생한 것이었다. 저렴한 가격의 생필품을 공동구매하는 단계에서 시작해, 노동자를 위한 따뜻한 생산과 소비 시스템을 만들자는 비전을 공유하면서 협동조합이 탄생한 것이다.

로치데일 협동조합의 성공 비결은 무엇보다 절박함이었다. 로치데일 협동조합에 참여한 사람들은 하나같이 가난한 생활에서 벗어나고자 하는 절박한 마음이 있었고, 그것이 그들에게 강한 목표의식이 되었다. 그랬기에 철저히 준비했다. 앞서 명멸했던 수많은 협동조합 운동의 시행착오를 곱씹고, 실패를 디딤돌 삼아 대안을 마련했다. 그리고 어느 누구에게도 의존하지 않고 스스로 문제를 해결하려 하였다. 외부의 지원을 기대하지 않고 스스로의 역량을 키우겠다는 어려운 길을 원칙으로 삼고, 그 원칙을 철저히 지켜냈다. '시가판매의 원칙', 신용거래를 금지한 '현금거래 원칙', 사업 잉여금을 배당할 때 출자금에 비례하는 것이 아니라 이용한 만큼 수익을 나눠주는 '이용액 배당의 원칙' 등이다.

로치데일의 이러한 원칙은 순탄하지 않았다. 시가판매 원칙만 하더라도 협동조합이 일반 판매상과 가격이 같다면 조합원에게 돌아오는 혜택이 무엇이냐는 강한 저항에 시달렸다. 또 가난한 조합원들에게 외상 판매를 하지 않는다는 불만도 여기저기에서 제기되었다. 그러나 로치데일은 그 원칙을 꿋꿋이 지켜나갔다. 왜냐하면 앞선 협동조합들이 '이상적인 운동체'로서의 정체성에 집중한 나머지 사업체로서의 협동조합으로는 존립하지 못했다는 사실을 통찰하고 있었기 때문이다.

　문제는 지속 가능성이었다. 이는 비단 협동조합에만 국한된 말은 아니다. 모든 기업의 최우선 관심사는 지속 가능성이다. 여기서 필요한 것이 가치와 현실의 조합이며, 이는 원칙이라는 토대 아래에서 엄격하게 지켜져야 한다. 조합원의 불만을 잠재우겠다고 사업체로서 지속 가능성을 포기하고 원가 이하 판매를 하거나 방만하게 외상 판매를 하다가 결국 수많은 협동조합이 문을 닫았다. 그렇게 되면 협동조합 운동은 시작도 못하게 된다. 그래서 로치데일 협동조합은 초창기 온갖 비난과 불만을 감수하면서도 그 원칙을 지켜나간 것이다.

　물론 로치데일이 여기에서 멈췄다면, 협동조합으로서 가치를 상실했을지도 모른다. 그들은 잉여금을 배당하는 과정에서 사업 이용액에 비례하는 배당금을 나눈다는 원칙을 지켜냄으로써 더 많은 참여가 더 많은 편익으로 돌아오는 구조를 만들어냈다. 이기심을 버리고 다른 사람을 위해 한 행동이 결국 자신에게 이득을 가져다주는, 그야말로 선순환 구조이다. 성공한 협동조합은 운이 따랐거나 환경이 좋아서 그렇게 된 것이 아니다. 수많은 시행착오 끝에 사람과 사람이 최선을 다하는 과정에서 서로에게 이익이 되는 원리를 발견했고, 그것을 원칙으로 세워 꿋꿋하게 지킴으로써 성장할 수 있었던 것이다.

환경에 따라 임기응변식 대응을 했던 스콧, 환경과 무관하게 매일 20마일의 원칙을 세워 묵묵히 나아간 아문센. 남극점 대결 승패의 핵심은 행운이 아니라 체질화된 원칙이었다. 개인의 일이든 조직의 사업이든 계획 달성보다 더 중요한 것이 이 원칙을 지키는 것이 아닐까 다시 곱씹어본다. 결국 천리를 가는 것은 느려 보이는 황소걸음이지 않은가.

계획대로 되지 않은 일에 대한 사람들의 태도를 생각해본다. 어떤 사람은 그 원인을 외부에서 찾고, 어떤 사람은 그 원인을 자신 자신에게서 찾는다. 외부에서 찾는 이는 원인이 밖에 있으므로, 다시 똑같은 상황이 맞닥뜨렸을 때 자기 의지로 원인을 통제하지 못해 실패를 반복한다. 반면에 자신 내부에서 원인을 찾는 이들은 그 과정에서 의지를 가다듬고 가장 적합하고 엄격한 원칙들을 세워 개선해나간다. 우리는 어떤 태도를 취하고 있을까.

02

물장수가 내다본
'아름다운 모레'

　강에서 물을 길어 팔던 2명의 물장수가 있었다. 부지런히 움직이면 하루 최대 20통을 시장에 내다팔 수 있었다. 그런데 A물장수는 열심히 하루 20통을 길어 날랐고, B물장수는 10통만 길어 나른 후 나머지 시간에는 강에서부터 마을까지 파이프를 놓기 시작했다. 이를 지켜보던 A물장수는 "자네도 참, 그렇게 하면 돈도 못 벌고 힘만 드는데 왜 그런 미련한 짓을 하는가?"라며 답답해했다. 하지만 그는 아랑곳하지 않고 파이프 놓는 일에 열중했다. 오랜 시간이 지나 A물장수는 하루 두세 번 물을 길어 나르기도 힘들 정도로 노쇠해졌다. 그러나 젊은 시절 당장의 수입을 포기하고 오랜 시간 파이프 설치에 힘 쏟은 B물 장수는 덕분에 고생하지 않고도 많은 물을 얻을 수 있었다. 덕분에 마을 사람들까지도 가뭄에 물 걱정을 하지 않게 되었다.

우리는 과거를 거쳐 현재의 삶을 살면서 미래를 예측한다. 현재의 나는 과거의 내가 선택하고 행동한 결과물이다. 미래 역시, 현재의 내가 살고 있는 삶의 연장선상에 있으며 곧 그 결과물이 된다. 즉, 미래를 위한 시간과 자원의 투자는 실제 나의 현실이 된다. 이는 개인의 삶뿐만 아니라 기업경영의 섭리에도 적용이 된다. 기업 혹은 조직의 리더는 '지금 내가 결정하는 이 일이 미래에 어떤 영향으로 나타날 것인가.'에 대해 늘 사려 깊게 고민해야 한다.

1789년에 일어난 프랑스혁명은 루이 16세 때 일어났지만, 그 발단은 루이 15세 때부터였다. 당시 앙시엥 레짐 Ancien Regime(구체제) 하에서는 인구의 약 2퍼센트를 차지하는 왕족과 성직자 그리고 귀족계급이 주요 관직을 독점하고 있었다. 나머지 98퍼센트의 평민은 가혹한 세금을 부담하면서도 정치에서는 철저히 배제되었다. 또한 왕실의 과도한 사치와 미국독립전쟁 참전 등으로 국가 재정은 파산 직전의 위기였다. 국가위기 극복보다 왕실의 향락을 유지하기 위한 수단으로 단행되었던 수차례의 개혁은 모두 실패로 돌아가고, 앓고 있는 문제들의 해결을 계속 미루기만 했다. 곧 혁명이 일어날 수도 있을 것이라는 소문이 돌기 무섭게 루이 15세 왕정이 막을 내렸다.

그렇게 곪고 썩어가는 국정문제들이 해결되지 않은 채, 루이 16세의 시대가 열렸지만 이미 그 혼자만으로 시대를 되돌릴 수는 없었다. 결국 그는 "언젠가 이런 날이 올 줄 알았다."라는 자조 섞인 말을 남기며 혁명의 제물이 되고야 말았다. 만약 루이 15세가 왕실의 재정지출을 줄이고 무리한 대외 전쟁을 줄였더라면, 아니 적어도 자신의 치세에서 발생한 문제들을 잘 해결했더라면 그와 같은 불행은 일어나지 않았을지도 모른다. 결국 자신이 누리고 있는 현재의 영화에 취해 반드시 해야 할 일을 소홀히 했기 때문에 초래된 결과였다.

한편 기원전 753년, 로마는 작은 도시국가에서 출발했다. 그러나 기원전 100년경에 이르러서는 이탈리아 반도를 넘어 유럽, 아프리카, 소아시아 지방에 이르는 대제국을 건설하게 됐다. 이러한 로마의 번영은 어떻게 가능했을까? 역사 저술가 시오노 나나미는 "로마인은 지성, 체력, 기술력, 경제력 중 어느 하나 다른 종족보다 탁월한 것이 없다. 하지만 로마인들이 번영의 역사를 이끌 수 있었던 원동력은 먼 미래를 내다보고 현재에 충실하며 일관되게 추진한 정책이 있었기 때문이었다."라고 말한다.

도시국가 로마는 인근의 사비니족과 전쟁하여 4번 모두 이겼다. 그러나 로마는 사비니족을 강제로 합병하지 않고 그 왕을 로마의 공동 왕으로 삼았고, 자유민에게는 로마인과 똑같은 완전한 시민권을 주었다. 통찰력을 통해 미래에 발생할 수 있는 또 다른 전쟁의 위험을 예상하고, 미리 차단한 놀라운 포용정책이었다. 이후에도 로마는 여러 종족들을 편입했다. 플루타르코스는 《영웅전》에서 이런 로마인의 포용력에 대해 "패자조차 자신들에게 동화시키는 로마의 포용정책만큼 로마의 강대화에 이바지한 것은 없다."고 서술했다. 특히 산악부족 삼니움족과의 전투에서 치욕적인 대패를 당하고도, 훗날 승리한 뒤에도 그들을 끌어안는 포용력을 발휘하기도 했다. 로마가 왕정에서 공화정을 거쳐 제정으로 넘어간 후에도 이러한 정책은 계속 유지되었고 심지어 로마의 최전성기라 할 수 있는 5현제 시대(A.D.96~A.D.180)에는 황제 5명 중 3명이 로마에 뿌리를 두지 않은 이방인 출신이었다. 후손들에게 발생할 수 있는 부담을 줄여줌으로써 로마의 전성기를 지속하게 만든 것이다.

모든 일에는 반드시 원인이 있다. 미래의 일이 성취되기 전에는 반드시 현재 시점의 작은 것들이 원인이 된다. 리더는 그런 미세한 조짐들에 민감해져야 한다. '내가 있을 땐 일어나지 않겠지.' '내가 아니어도 되겠지.' 하는 생각이 그런 미세한 것들에 둔해지게 만든다. 미래에 다가올 변화를 감지하고 미리 대비하며 이후의 방향성을 제시할 수 있어야, 통찰력과 선견지명을 갖춘 리더라고 할 수 있다. 로마인들은 이런 통찰력과 선견지명이 있었던 인재들을 적극 등용하고 활용했기에 큰 번영을 오랜 기간 누릴 수 있었다.

《한비자韓非子》 '유로편喩老篇'에는 다음과 같은 이야기가 있다. 은殷나라의 주紂왕이 신하들에게 상아로 젓가락을 만들라 지시했다. 그러자 주왕의 숙부인 기자箕子가 나라의 운명을 걱정하며 충언했다.

"상아 젓가락을 질그릇에 얹어서 쓸 수는 없습니다. 그러면 반드시 뿔이나 옥으로 만든 잔을 써야 할 것이고, 상아 젓가락과 옥잔에는 또 간소한 콩국이나 콩잎은 어울리지 않으니 쇠고기 혹은 표범 고기를 담아 먹어야 할 것입니다. 그리되면 베옷과 초가집도 어울리지 않으니 비단옷을 입고 큰 궁궐도 지어야 합니다. 그 결말이 무서워 지금 지시하신 일들을 시작조차 하지 못하였습니다."

기자의 충언을 묵살했던 주왕은 결국 고기 숲과 술 연못에서 놀다 망하고 말았다. 기자는 상아 젓가락 하나를 보고 그것이 천하의 화가 될 것임을 곧바로 알아차렸다. 기자는 상아 젓가락이 가지는 의미를 통찰했고, 그로 인해 나라의 미래를 예견한 것이다.

세계는 불확실성이 일상화된 뉴노멀New Normal의 시대로 접어들었다. 어제의 강자가 더 이상 오늘의 강자일 수 없다. 알리바바 그룹의 마윈 회장은 다음과 같이 말했다.

"오늘은 힘듭니다. 내일은 더 힘들 것입니다. 그렇지만 모레는 아름다울 것입니다."

지금은 어렵지만 지금의 노력이 미래를 만들 것이라는 말이다. 이러한 시대에 리더는 어떤 것도 우연에 내맡기지 않는 정확한 판단으로 망망대해에서도 항로를 잡아가는 선장이 되어야 한다. 우리에겐 미래를 향한 나침반이 되어줄 리더의 통찰이 필요하다. 책임은 다하지 않고 누리기만 하겠다는 구태의연한 마음가짐으로는 이 짙은 안개를 벗어날 수 없다. 절대 다음으로 미루어선 안 된다. 내가 반드시 해내겠다는 결연한 의지가 필요하다.

알아야 '면면장'

지난 2017년 신고리 5·6호기 공론화위원회가 구성되었다. 이는 국가적으로 매우 뜻깊은 시도였다. 이 공론화위원회를 통해 신고리 5·6호기 건설 여부에 관한 공론화 과정이 공정하게 진행되었다. 이 사안은 워낙 찬반 여론이 팽팽하여 국민적 갈등을 피하기 어려웠다. 이처럼 국민여론이 찬반으로 갈려 깊게 갈등하는 사례는 과거에도 여러 차례 있었다. 그리고 그 갈등을 봉합하는 데에는 상당한 비용이 수반될 뿐 아니라 후유증도 깊었다. 이러한 리스크를 최소화하기 위해 이번 공론화위원회는 시민참여단을 모집하여 여론을 수렴하고, 숙의의 기간을 충분히 가졌다.

우리는 주변에서 '똑똑한 사람들의 멍청한 선택'을 쉽게 찾아볼 수 있다. 그러한 어리석은 선택은 자신뿐 아니라, 때로는 그가 속한 조직 전체를 파멸에 이르게 하기도 한다. 이 공론화의 장 역시, 인간이 자신의 뇌를 과대평가하고 있는 착각을 극복할 수 있도록, 끊임없이 학습하고 이를 바탕으로 숙의 민주주의를 구현하고 대의 민주주의의 한계를 보완하자는 취지에서 시도된 것이었다.

시민참여단이 최종결정 투표를 하는 데, 한 사람당 평균 36시간의 학습시간이 주어졌다. 이 시간 동안 의견 청취, 사전조사, 질의응답, 토의 등을 거쳤고 자신의 의사결정을 내리기까지 끊임없이 학습을 반복했다.

"협동조합 사업은 교육으로 시작해 교육으로 끝난다."
"교육이 없는 협동조합은 50년을 넘기지 못할 것이다."

협동조합에서 특히 교육을 강조하는 것은 협동조합이 평범한 사람들을 중심으로 조직되었기 때문이다. 그리고 조합원은 단순한 투자자가 아니라, 협동조합의 이용자인 동시에 통제자이기 때문에 협동조합의 가치와 운영원리를 제대로 알아야 한다. 이것은 교육을 통해서만 가능하며, 이러한 이유에서 세계적인 협동조합들은 잉여금의 일부를 교육하는 데 의무적으로 사용하도록 한다.

그렇다고 협동조합의 교육이 조합원에게만 한정되어서는 안 된다. 함께하는 직원, 나아가 국민을 대상으로 교육을 실시해야 하는 것이다. ICA는 교육의 원칙을 설명하면서 "조합원, 선출된 임원, 경영자, 직원들이 협동조합의 발전에 효과적으로 기여하도록 교육과 훈련을 제공하고 일반 대중, 특히 젊은 세대와 여론 지도층에게 협동의 본질과 장점에 대한 정보를 제공하여야 한다."고 강조한다.

협동조합과 조합원은 상품을 판매하고 구매하는 거래 관계로만 국한되지 않는다. 단순한 소비자 또는 고객이 아닌 것이다. 조합원들은 각자의 필요성에 따라 조합에 출자하여 사업을 이용하고 운영에 참여한다. 조합원들이 조합 운영과 이용에 참여할 필요성을 느끼지 못하면, 협동조합의 존재 이유도 사라지게 된다. 이 필요성을 부여해 주는 역할이 바로 '교육'이다.

조합원 교육은 일회성으로 끝나지 않고, 일상적인 활동 속에서 계속 이루어져야 한다. 협동조합 교육의 본 모습은 단순히 회의실에 모여 강사로부터 듣기 좋은 얘기를 일방적으로 듣는 것이 아니다. 협동조합 운영 시에 필요한 협동의 종류와 방법 등을 서로 가르치고 배우는 것이다. 농자재를 공동 구매하거나 농산물을 공동 판매하는 것과 같은 일상적인 사업 활동에 대해, 조합 임직원과 조합원들이 함께 문제점을 토론하고 연구하며 풀어나갈 때 조합원들은 협동조합의 소중함을 더욱 절실히 느낄 수 있다. 이러한 과정 자체가 교육이며, 이를 통해 조합원은 협동조합을 체득할 수 있다.

협동조합은 시장에서 일반 기업과 경쟁하는 사업체이기도 하다. 임직원은 사업체로서의 전문분야를 수행하도록 조합원으로부터 위임받은 사람들이다. 따라서 임직원이 협동조합의 이념과 사업에 대해 얼마나 깊이 이해하고 있는가는 협동조합의 성공을 좌우하는 큰 요인이 된다. 임직원은 새로운 지식이나 기술 등 역량을 충분히 길러 다른 기업이나 조직에 뒤쳐지지 않도록 해야 한다.

아울러, 협동조합을 잘 모르는 일반인들에게도 그 이념을 확산시키고 협동의 테두리를 넓혀 나가야 한다. 거대한 대기업이 시장을 지배하고 있는 가운데 개별적으로 활동하는 소수의 힘이 얼마나 미약한지 깨닫게 하고, 협동과 상부상조를 통해 서로 돕고 의지하며 혹시 모를 불이익을 미리 대비할 수 있도록 말이다. 특히, 앞으로의 세상을 짊어지고 갈 젊은이들에게 협동조합 교육은 반드시 도움이 될 것이다. 혼자에 익숙한 젊은이들이 '함께'의 가치를 이해하고 활용해야 이 사회가 올바른 방향으로 갈 수 있기 때문이다.

신고리 원전 5·6호기 공론화위원회는 1차 조사 결과와 다르지 않게, 공사 재개에 손을 들어주었다. 결론은 달라지지 않았지만, 사회적 갈등과 대립은 나름 잦아들었다. 판단을 유보하거나 잘 모르겠다고 응답한 사람의 비중이 1차 조사 때 35.8퍼센트에서 최종 조사 때는 3.3퍼센트로 대폭 줄었기 때문이다. 상대 진영의 여론을 공감하고 이해할 수 있게 된 것은 바로 학습의 힘일 것이다.

"알아야 면장을 한다."는 말이 있다. 이 말은 공자가 아들 리鯉에게 "너는 주남南, 소남南의 시를 공부했느냐? 사람이 이것을 읽지 않으면 마치 담장을 마주 대하고 서 있는 것과 같아 더 나아가지 못한다."라고 말한 데서 유래한다. 많이 알아야 담장牆에서 얼굴面을 면免한다는 면면장免面牆의 의미다. 담장을 마주하고 서 있는 답답한 상황에서 벗어나는 길은 교육밖에 없다는 것을 강조한 것이다.

사업이 부진하거나 조합원의 참여가 약화되었다면, 가장 먼저 '교육'이 어떻게 이루어지고 있는지를 살펴보는 것이 좋다. 면장免牆은 곧 교육에 달려 있다는 사실을 잊지 말아야 한다.

04

2,000년 전의
기업윤리

정도를 넘어서는 '갑질' 행태가 하루가 멀다 하고 불거지는 세상이다. 하다하다 이젠 슈퍼 갑질, 울트라 갑질이라는 말까지 생겨났다. 이는 자본주의가 왜곡되며 형성된 물질 만능주의로부터 생긴 우리사회의 고질병과 같다.

갑질은 그 형태가 약간씩 다르지만 자신보다 약한 상대에게 힘을 과시하며 괴롭히거나 경제적 이익을 챙기는 명백한 범죄 행위이다. 그리고 갑과 을의 지위를 더욱 고착화시킨다는 점에서 우리 사회의 활력을 떨어트리고 발전의 길을 봉쇄해버리는 자해행위이다.

프랜차이즈 시장의 갑질도 만연하다. 가맹본부는 멀쩡한 가맹점에 일방적으로 리뉴얼 공사를 강권하고 자신들이 부담해야 할 비용까지 가맹점에 떠넘기기 일쑤이다. 이 과정에서 공사비를 부풀려 가맹점을 쥐어짜기도 한다.

그뿐만 아니라, 가맹점들이 판매하는 주류와 음료, 폐식용유 수거업체까지도 가맹본부가 지정한다. 가맹점주에게 사정이 있어 주류 대리점 및 폐유 수거업체를 교체하려고 하면 물품 공급을 중단한다든지 또는 가맹계약 해지 사유로 규정해놓고 높은 수수료를 챙겨간다.

중소기업에 대한 대기업의 갑질 행태 역시 마찬가지다. 중소기업 대다수는 사실상 대기업의 협력사로 존재한다. 그러나 협력이란 이름이 무색하게 중소기업은 그저 약자의 입장일 수밖에 없다. 납품단가를 후려치는 것은 아주 흔한 일이고, 서면에 의하지 않고 전화로 혹은 절차를 완전히 무시한 상품 발주 등 불공정한 거래가 다반사이다. 대기업의 횡포로 사업을 포기하거나 도산하는 사례가 그 현실을 말해주고 있다.

경제금융 전문미디어〈이데일리〉가 2017년 중소기업

CEO 105명을 대상으로 실시한 조사에 따르면 '대기업이 동반성장을 위해 노력하고 있는가?'라는 질문에 64.8퍼센트가 '그렇지 않다'고 답했다. '잘하고 있다'라는 응답은 겨우 4.8퍼센트에 불과했다. 같은 조사에서 응답자들은 '정부가 거시적으로 주력해야 할 정책'을 묻는 질문에 '대기업과 중소기업의 동반성장'이 무려 61.9퍼센트로 우리사회의 불공정 관행이 개선되기를 강하게 요구하고 있었다.

불평등은 사회를 병들게 하고 분열시킨다. 전 세계 사회학자에 의해 수행되는 세계 가치관 조사World Values Survey : WVS에서는 불평등한 나라일수록 "대부분의 사람을 믿을 수 있다."라는 말에 동의하지 않는 비율이 높게 나타났다. 젊은이들 사이에 자조적으로 쓰이는 '헬조선', 'N포세대', '이생망(이번 생은 망했다)'과 같은 신조어에는 불공정과 불평등으로 인한 이 사회의 불안함이 고스란히 담겨 있다. 그래서인지 최근 몇 년간, 전 세계적으로 퍼져가고 있는 이러한 사회적 불평등에 대해 지적하는 학자들이 노벨경제학상을 수상하는 사례가 늘고 있다.

2,000년 전, 중국에는 이를 미리 꿰뚫어 보고 기업의 윤리를 힘주어 주장한 사람이 있었다. 성상聖商 범려范蠡

다. 성상이란 말은 글자 글대로 성인의 반열에 오른 상인을 말한다. 역사적으로 거상이라 불리는 사람은 많았지만, 성상이라 불리는 사람은 오직 범려 한 사람뿐이었다. 범려는 3번이나 억만금을 모았으나 자신이 모은 재산을 모두 이웃과 친척들에게 나눠주었다. 그가 성인으로 불리는 이유는 재물을 모으는 재주 때문이 아니라, 사회적 책임감을 가지고 노블레스 오블리주를 실천했기 때문이다.

범려는 월나라 구천句踐에 의해 기용되어, 월나라를 부흥시키고 오나라를 멸망시키는 데 결정적인 역할을 했다. 이때 내세운 범려의 정책을 '계연칠책計然七策'이라고 하는데, 그의 스승 계연으로부터 나왔기 때문에 붙여진 이름이다. 범려의 스승 계연은 힘이 지배하는 전쟁의 시기에 강병에 앞서 중요한 것이 부국이라고 강조했다. 나라 경제가 발전해야만 백성들이 편안하게 자기 일에 전념하며 넉넉한 생활을 꾸릴 수 있고, 나라도 강대해질 수 있다는 주장이었다. 계연은 국가가 풍족하고 국력이 강력해져야 다른 나라와 맞서 이길 수 있다는 이치를 잘 알고 있었다. 또한 물가가 안정을 이루고, 농업과 상업 두 산업이 유기적으로 연결되어야 한다고 강조했다.

"상인이 농민에게 식량을 살 때, 식량 가격이 한 되에 20전이면 농민에게 손실이 발생하고, 90전이면 상인이 손해를 본다. 상인의 이익에 손해가 나면 교역이 정체되고 돈이 돌지 않는다. 또 농민이 손해를 보면 생산성이 떨어지고 농지가 황폐해진다. 따라서 식량의 가격은 한 되당 최고 80전을 넘지 말아야 하며 최저 30전 밑으로 떨어져서는 안 된다. 그래야만 상인과 농민 모두가 이익을 얻을 수 있다."

사농공상士農工商이란 말이 있듯 상인이 천시되던 시대에 유통의 중요성을 통찰한 것이다. 계연은 상인의 이윤 추구를 인정함과 동시에, 물가 안정에 있어 상인에게 큰 책임이 있다고 주장했다.

"상품이 비싸지면 쓰레기처럼 아낌없이 때 맞춰 내다 팔아야 하고貴出如糞土, 값이 싸지면 귀한 옥구슬을 사들이듯이 때 맞춰 사들여라賤取如珠玉."

경제활동에 있어서 윤리를 강조한 것이다. 돈 되는 것이라면 양심이고 윤리고 죄다 팽개친 채 돈 벌기에 혈안이 된 일부 기업에 대한 경종이다. 경제활동이 공정할 때 신뢰가 쌓이고, 신뢰가 높은 사회일수록 발전 가능성이 높은 것이다.

갑질과 경제적 불평등으로 인해 우리 경제의 성장 동력이 약화되어 가는 지금, 수많은 기업들에게 '협동조합적 사고'를 제안하고 싶다. 협동조합은 시장경제가 갖는 특유의 활력을 저해하지 않으면서, 좀 더 공정한 사회로 나아가는 데 기여하고 있다. 협동조합의 가장 중요한 역할 중 하나는 원가경영 원칙에 입각해 가격을 설정함으로써 영리기업의 독점행위를 견제하는 것이다. 협동조합이 원가주의 방식으로 가격을 결정하면, 협동조합과 경쟁하는 영리업체는 독과점 가격을 통한 초과이윤 확보가 어렵게 되기 때문에 조합원은 물론 소비자를 포함한 사회 전체의 후생을 증진시키는 공익적 역할을 수행하게 된다.

그저 돈벌이에만 급급할 것이 아니라, 나라경제에 대한 통찰을 키우고 기여도를 높여나갈 궁리를 할 때, 나라가 살고 기업이 발전할 수 있다. 그리고 기업이 사회와 국민들에 대한 윤리적 책임감을 높여야만 살아남을 수 있다는 것을 잊지 말아야 할 것이다.

05

최초의 직업과
최후의 직업

1만여 년 전, 여기저기 돌아다니며 수렵채집을 하던 인류는 한곳에 정착하여 농경생활을 하기 시작했다. 이는 인류 역사상 가장 획기적인 사건 중 하나이다. 농경사회로의 전환은 그 자체가 혁신이었고 첨단산업의 시작이었다. 자연에 의존해 살던 인류가 직접 식량을 재배해 먹고 살아가면서 모든 변화가 시작되었기 때문이다.

정착 생활이 시작되면서 농사 기술이 발전하였고 인구는 급속히 증가하였으며, 그로 인해 지배층과 피지배층의 구분이 제도와 체계를 더욱 강화했다. 세계 4대 문명의 발상지들이 충분한 식량 확보가 가능한 큰 강 유역의 비옥한 토지를 중심으로 형성된 것도 그 이유다. 농업은 인류의 정착뿐만 아니라, 현재까지 인류 문명을 이어오게 한 일등 공신인 것이다.

영화 '인터스텔라'에는 우주 외에도 기후 변화, 물리학, 그리고 농업까지 다양한 요소들이 등장한다. 2040년, 영화 속에서 인류는 갑자기 찾아온 환경 악화와 병충해로 인해 식량부족 사태를 겪게 된다. 심한 모래폭풍 때문에 재배 가능한 유일한 곡식은 옥수수뿐이다. 국가의 존재가 무의미해져 정부와 군대는 사라졌고, 식량부족으로 대부분의 사람들은 농업에 종사하게 된다. NASA에서 유능한 엔지니어였던 주인공 역시 두 자녀와 함께 농부로 살고 있다. 그리고 인류가 멸종할지 모른다는 위기감 속에 인류 생존을 위해 새로운 행성을 찾아 나선다.

과학기술의 발달로 물질적 풍요를 누리던 인류가 자연 앞에 무기력해지는 영화 속 모습은 매우 충격적이었다. 강력한 모래 태풍 속에서 모든 사회와 산업이 멈추고, 삶을 위한 마지막 선택이 농부라는 상황에서 농업의 소중함을 다시 한 번 깨닫게 된다.

사실 이러한 내용은 더 이상 영화 속에만 존재하는 장면이 아니다. 현실에서도 쉽게 찾아볼 수 있다. 날로 심해지는 기후 변화로 인해 곡물 값이 폭등하고, 농산물 가격이 불안정해지는 현상을 수없이 목격했다. 몽골 사막에서 불어오는 황사 때문에 외출할 때 마스크를 써야 하는 불편이 일상화되었고, 심각한 가뭄이나 홍수로 공들여 기른 농작물이 하루아침에 무용지물이 되는 경우도 허다하다. 이렇듯 기후 변화에 대응할 방법을 찾지 않는다면 실제로 영화에서처럼 인류에게 대재앙이 닥칠 수도 있을 것이다.

　2008년 북극 노르웨이령 스발바르섬에 '국제 종자저장고'를 만들어졌다. 각종 천재지변과 전쟁 등 예기치 못한 재앙에 대비해서 인류에게 필요한 식물자원을 보존하기 위해서이다. 현재 100여 개 나라에서 보내온 약 87만 여 종의 종자 샘플이 보관되어 있다.

　"씨앗은 곧 자연이고, 우주이다."라는 말처럼 한 톨의 곡물 씨앗에는 인류의 생명을 유지시켜줄 무궁무진한 에너지가 담겨 있다. 씨앗은 한번 멸종되면 다시는 복원할 수 없다. 그것은 곧 인류의 먹거리가 영원히 사라지고 만다는 것을 의미한다. 따라서 씨앗을 개발하고 씨앗을 이용해서 먹거리를 생산하는 농업이야말로 인류에게 생명력을 불어넣는 산업이라고 할 수 있다.

미래 농업은 AI, 빅데이터 등과 결합하면서 지금과는 전혀 다른 새로운 환경을 맞이하게 될 것이다. 그동안 농업은 논밭 등 토양에서 재배하고 수확해왔다. 경지면적과 기후 조건 등에 따라 생산량과 경제성이 좌우되었다. 수확할 때까지 가뭄이나 장마, 태풍 등으로 인한 피해가 없으면 하늘이 보살폈다며 그마저도 다행스럽게 생각했다. 하지만 앞으로 첨단 기술이 보편화된 세상에서는 농업 부문의 생산성과 수익성을 더 이상 하늘에 맡길 일이 아니다. 온실, 축사 등은 '스마트 팜'과 결합하여 방제, 관수, 온도, 습도 등 전 과정이 자동화될 것이고 농약을 살포하는 드론, 무인 트랙터 등 지능형 농기계의 보급은 고령화로 인한 노동력 부족 문제 해결할 것이다.
또한 유통 측면에서도 빅데이터를 활용하여 소비자들의 식생활 스타일을 맞추고, 출하량 조절 농산물 이력 추적 관리, 위해 요소 관리 등이 이루어져 더욱 안전하게 농산물을 이용할 수 있게 될 것이다.

이미 많은 국가에서 최첨단 기술을 농업에 적용하고 있다. 일본 최대 ICT 기업 후지쯔는 반도체를 생산하던 공장을 식물공장으로 변환하는 과감한 결단을 내렸다. 그래서 7층짜리 상추 아파트에서 수경재배를 통해 저칼슘 멸균 상추를 재배하고 있다. 기후의 영향을 전혀 받지 않기 때문에 365일 수확이 가능하고, 일반 농장에 비해 연간 25배나 더 많은 생산을 할 수 있다. 멸균 시스템으로 키운 상추라 봉지에서 꺼내 씻지 않고 바로 먹을 수 있다는 장점도 있다. 그야말로 노동력과 시간을 절약하는 획기적인 아이디어다.

네덜란드의 '어반 파머스Urban Farmers'라는 농업 벤처 기업에서도 특별한 농장을 운영하고 있다. 전자회사 필립스 사옥 옥상에 스마트 유리온실을 만든 것이다. 농장이 도시 한가운데 위치한 것도 흥미롭지만 더욱 주목할 것은 '아쿠아포닉스Aquaponics'라는 농법이다. 수경재배와 물고기 양식을 결합한 이 농법은 물고기가 식물에 영양분을 공급하고, 식물은 물고기를 위해 물을 정화해주는 원리이다. 여기서 자라난 건강한 농산물은 사람에게 더욱 이로울 것이라는 인식으로 네덜란드 국민들로부터 큰 사랑을 얻고 있다.

농업의 역사는 곧 인류의 역사이다. 살기 위해서는 먹을 수밖에 없고, 먹기 위해서는 반드시 존재해야만 하는 가장 원초적인 산업이기 때문에, 농업은 인류 최후까지 존재할 산업이 될 것이다. 변수가 많은 지구환경과 인구 증가율을 감안한다면 농업의 규모와 중요성은 날로 더 커질 것을 예측할 수 있다. 앞으로 다가올 4차, 5차, 그 이후 혁명에서도 농업은 필연적인 희소의 가치를 더욱 발현할 것이라 확신한다. 하루빨리 통찰력과 창의력을 발휘하여 농업에 과감한 투자와 IT 기술을 결합시키는 혁신을 이끌어나가야 한다. 그것이 바로 우리의 농업과 우리 자손들의 미래를 지켜나가는 길이다.

06

두려움에 맞선
사람들

　탈레스는 대략 기원전 7세기경의 사람이다. 당시 고대 인들은 천체의 운행에 대해 무지했기 때문에 대낮에 태양 이 어두워지는 현상인 '일식'을 보고 경외감과 두려움을 느꼈다. 그러나 다른 사람과 달리 탈레스는 '왜 일식이 생 기는 것일까'에 대해 궁극적으로 탐구하였다. 그 결과, 일 식은 신의 분노가 아닌 천동의 질서 변화에 의한 자연적 현상임을 알게 되었다. 그 후에 그는 일식 날짜를 정확하 게 예측했던 것으로 알려져 있다.

　기하학과 천문학에 정통했던 그는 '서양 철학의 아버지'

로도 불린다. 아리스토텔레스 또한 탈레스를 '그리스 최초의 철학자이자 과학자'라고 칭했다. 처음 길을 간 사람, 그 사람이 걸어간 발자국을 따라 길이 만들어진다. 우리가 탈레스를 수천 년이 지나도록 기억하고 있는 것은 그가 맨 처음으로 철학의 길을 걸어간 사람이기 때문이다.

길을 가는 사람은 두 종류로 나뉜다. 남이 걸어간 발자국을 되밟아가는 사람과 남들이 가지 않은 새로운 길을 개척해 걸어가는 사람들이다. 전자는 '흘러가는 존재'로서 정해진 틀이나 공동체가 만든 법, 교리, 규칙, 율법에 따라서 살아간다. 반면 후자는 '남기는 존재'이다. 기존의 만들어진 틀과 형식을 뛰어넘어 새로운 지향점을 향해 선구적인 삶을 살게 된다.

400여 년 전 구텐베르크는 인쇄기를 내놓았다. 당시 유럽 인구의 96퍼센트가 문맹이었으니 책 만드는 기계를 내놓는다는 것은 말도 안 되는 일이었다. 카를 벤츠가 독일에서 자동차를 처음 선보였을 때도 마찬가지였다. 자동차 운행이 법적으로 불가능했던 상황이었다. 운전할 줄 아는 사람은 물론, 도로도 없었고 주유소도 없었으니 말이다.

그러나 상식을 깨는 이들의 행동이 '처음'을 만들었기에, 오늘날 우리가 책과 자동차의 혜택을 누리고 있는 게 아닐까.

| 직업 선택의 십계 |

1. 월급이 적은 쪽을 택하라
2. 내가 원하는 곳이 아니라 나를 필요로 하는 곳을 택하라
3. 승진의 기회가 거의 없는 곳을 택하라
4. 모든 조건이 갖추어진 곳을 피하고 처음부터 시작해야 하는 황무지를 택하라
5. 앞을 다투어 모여드는 곳은 절대 가지 마라. 아무도 가지 않는 곳으로 가라
6. 장래성이 전혀 없다고 생각되는 곳으로 가라
7. 사회적으로 존경을 바랄 수 없는 곳으로 가라
8. 한가운데가 아니라 가장자리로 가라
9. 부모나 아내나 약혼자가 결사 반대하는 곳이면 틀림없다. 의심치 말고 가라
10. 왕관이 아니라 단두대가 기다리고 있는 곳으로 가라

거창고등학교 3대 교장이었던 고故 전영창 선생의 가르침을 요약한 것이다. 전영창 선생은 미국 유학 생활을 마치고 곧바로 대학의 부총장 자리를 제안받았으나 그를 마다했다. 그러고는 재정 문제가 심각했던 시골 학교 거창고등학교에 부임했다. 게다가 군사정권의 3선 개헌에 반대하다가 폐교에 버금가는 제재를 받았지만 끝내 학교를 지켜냈다. 그는 자신의 '직업 선택의 십계'를 충실히 따른 삶을 산 것이다.

물론 실제로 자신의 제자나 자녀에게 구태여 고난의 길을 선택하라고 권하기는 쉽지 않다. 그러나 중요한 것은 이 십계 문장의 행간 속에 있다. 돈이나 명예보다 '가치'를 택하라는 통찰의 가르침을 이해해야 한다. 참된 가치를 실현하기 위해 때로는 중심이 아닌 가장자리로, 영광이 아닌 고난의 한가운데로 갈 수 있는 용기를 말하고 있는 것이다.

탈레스, 구텐베르크, 벤츠, 전영창… 이들은 모두 남들이 가지 않았던 길을 택해 걸어간 사람들이다. 그들은 자신이 걸어간 길을 통해 '남기는 삶'을 살았다. 사르트르는

《존재와 무》에서 "실존은 본질에 앞선다."라는 말을 남겼다. 인간은 사물처럼 본래의 본질이 정해져 있는 것이 아니라 스스로가 자신을 규정해가는 존재라는 뜻이다. 남기는 존재냐, 흘러가는 존재냐. 항상 우리는 이 둘 중 하나의 삶을 선택해야 한다. 한 번도 가보지 않은 미지의 길로 가면, 길이 만들어지고 새로운 지도가 만들어진다. 누구나 두려움은 있다. 그러나 그 두려움 이겨낸 사람만이 더 큰 두려움을 이겨낼 수 있다.

길을 가는 사람은 두 종류로 나뉜다. 남이 걸어간 발자국을 되밟아가는 사람과 남들이 가지 않은 새로운 길을 개척해 걸어가는 사람. 전자는 '흘러가는 존재'로 정해진 틀이나 공동체가 만든 법, 교리, 규칙, 율법에 따라서 살아간다. 후자는 '남기는 존재'다. 이들은 기존의 만들어진 틀과 형식을 뛰어넘어 새로운 지향점을 향해 선구적인 삶을 산다.

07

최초의
마일리지 제도

마일리지 점수가 쌓이고 있는 스토어나 브랜드의 카드를 누구나 하나쯤 가지고 있다. 신용카드사, 항공사, 백화점, 주유소는 물론이고 시골의 아주 작은 카페에서조차 마일리지 제도를 운영하고 있으니 말이다. 예전에는 카드로 발급해 다니던 것을, 요즘은 핸드폰 속 작은 어플 하나에 온갖 마일리지를 한꺼번에 보유하는 것이 가능해졌다. 마일리지 제도란, 소비자들의 이용실적에 따라 보너스 점수를 부여하는 것이다. 이 점수는 누적되면 화폐처럼 사용할 수 있고, 할인 금액으로 적용할 수도 있다.

마일리지 제도는 충성 고객을 확보하는 데 매우 효과적인 마케팅 수단이다. 항공사의 마일리지 등급을 유지하기 위해 특별한 목적 없이도 장거리 항공여행을 하는 사람들이 있는가 하면, 고객등급 유지를 위해 특정 호텔에 일부러 숙박하는 사람들도 있다.

최근에는 이 마일리지 제도를 국가 정책에도 도입하고 있다. 2013년부터 경찰청에서 운영 중인 '착한 운전 마일리지 제도'가 바로 그것이다. 국민 스스로 교통법규 준수 의식을 높일 수 있도록 하자는 취지로, 무사고·무위반 서약을 한 운전자가 1년간 이 서약을 지키면 10점씩 마일리지를 부여한다. 그리고 이후 면허정지 처분 시 누적 마일리지만큼 벌점을 깎아준다.

이러한 마일리지 제도는 어떻게 시작되었을까? 아마, 대부분이 항공사에서 처음 시행했다고 알고 있을 것이다. 하지만 그 시초는 사실 협동조합이다. 무려 170년 전의 일이다. 최초의 협동조합 성공모델인 로치데일 협동조합에서 시행한 '이용비례배당 제도'가 바로 그것이다.

이용비례배당 제도란, 시가를 기준으로 조합원들에게

물품과 서비스를 공급하고, 이로부터 발생한 이익을 다시 조합원의 이용실적이나 금액에 비례해 돌려주는 형태이다. 마일리지 서비스가 부가적인 혜택을 부여하는 것에 비해, 이용비례배당은 이익 자체를 배분한다는 점에서 차이가 있지만 그 체계는 꼭 닮아 있다.

이는 오늘날의 마일리지 제도와 일맥상통하는 것이다. 당시 이 제도는 매우 파격적이고 독창적인 제도로 영리를 추구하는 일반 기업과 확연하게 구별되는 협동조합만의 운영 원리였다.

초기 협동조합 운동가들은 치열한 고민 끝에 협동조합을 만들어, 자본가들이 독점하는 초과이윤을 제거하고 원가경영을 실현해야 한다는 답을 얻었다. 이러한 협동조합의 원가경영은 당시 경쟁관계에 있는 자본가들에게 대단히 위협적인 수단이 되었을 뿐만 아니라, 그들로 하여금 가격을 내릴 수밖에 없도록 만들었다. 즉, 산업자본의 초과이윤 추구행위와 독과점 가격횡포를 견제하고 시장경쟁을 촉진할 수 있었다. 문제는 원가를 결정하는 일 자체가 현실적으로 매우 어렵다는 점이었는데, 이에 대한 대안이 바로 '이용비례배당' 제도였다.

이용비례배당은 협동조합의 가치인 '공정'을 실현하기
위한 핵심 수단이다. 또한 협동조합의 분배제도는 협동조
합의 지속성과 관련이 있다. 조합원이 분배의 공정성에
의문을 갖는다면 협동조합을 탈퇴하거나 사업에 참여하
지 않기 때문이다. 그러므로 협동조합들은 조합 및 사업
특성에 따른 공정한 분배제도를 갖추어야 한다.

　　2003년, 〈네이처〉지에 영장류학자 프란스 드발이 공
정성과 관련한 논문을 게재했다. 그는 원숭이를 A팀과 B
팀으로 나누고, 미션을 수행하면 먹이를 주는 실험을 했
다. 미션을 성공했을 때 A팀에게는 맛없는 오이를, B팀에
게는 달콤한 포도를 주었다. A팀 원숭이는 오이를 잘 받
아먹었다. 그러다가 자기와 똑같은 미션을 수행하고 훨씬
맛있는 포도를 먹는 B팀 원숭이를 보고 나서는 오이를 집
어 던지며 강하게 항의하고, 미션을 거부하는 모습도 보
였다. 불공정에 대한 본능적인 거부였다. 동물조차도 불
공정에 대한 분노를 느낀다. 이러한 긴장과 스트레스는
그들 사회를 병들게 만든다는 것을 알 수 있다.

　　공정은 우리 사회가 반드시 꽃 피워야 할 가치이며, 이

용비례배당제도 즉, 마일리지는 우리 사회에 활력과 온기를 불어넣어주는 아름다운 제도이다. 그리고 협동조합이 지향하는 목적도 바로 그것이다.

08

옹기가
숨 쉬는 법

1990년, 스탠퍼드대학교의 엘리자베스 뉴턴 교수는 다음과 같은 실험을 했다. 사람들을 두 팀으로 나누어, 한 팀에게는 두드리는 역할을, 다른 한 팀에게는 두드리는 소리를 듣고 어떤 곡인지 맞추는 역할을 주었다. 결과는 어땠을까? 듣는 팀은 약 120여 곡 중 단 3곡밖에 알아맞히지 못했다. 심지어, '징글벨'처럼 간단한 박자의 노래도 두드리는 소리만으로는 무슨 곡인지 정확히 맞추기 어려워했다. 흥미로운 점은 두드리는 사람들에게 '듣는 팀이 몇 곡을 맞출 것 같은가?'라고 질문했더니 절반 이상은 맞출 것 같다고 답한 것이다.

뉴턴 교수는 이 실험을 통해 소통의 치명적인 오류를 발견했다. 바로 '내가 알고 있는 것을 남도 당연히 알겠지.'라고 여기는 점이었다. 나는 이 곡이 징글벨인지 알고 박자를 전달하고 있지만, 상대방에게는 그저 '두드리는 소리'로밖에 들리지 않는다는 사실을 간과하는 것이다. 부모가 자녀들에게 공부를 가르치면서 '너는 아직 이것도 모르냐'며 꾸중하는 것과 같은 상황이다.

인간은 어딘가에 소속되어, 그 안에서 관계를 형성하고 유지해가려는 성향이 아주 강하다. 이를 도와주는 것이 바로 소통이다. 소통이란, '막힘없이 서로 잘 통하는 상태'를 말한다. 사람과 사람 사이의 여러 가지 문제들은 거의 대부분 막혀서 잘 통하지 않을 때 발생한다.

한창 쌀 문제로 시끄럽던 시기였다. 전문가 패널로 초청되어 어느 회의에 참석했는데, 그 회의장 입구에는 '쌀 문제 해결을 위한 소통의 장'이라고 쓴 큰 현수막이 걸려 있었다. 하지만 이 회의에서는 주최 측의 일방적인 주장만 펼쳐질 뿐, 소통의 장 같은 건 열리지 않았다. 아마도 저 큰 현수막의 '소통'이라는 글자는, 진정으로 소통하고

자 하는 마음이 없이, 소통의 의미조차 제대로 생각해보지 않은 채 적힌 것이리라. 누군가의 생각을 일방적으로 듣는 것이 아니라, 서로의 생각을 주고받는 '쌍방향성'이 있을 때 비로소 우리는 '소통한다'고 말할 수 있다.

이순신 장군은 진정한 소통의 대가였다. 그는 장계, 서간, 시문 등을 통해 조정 대신들과 부하직원 그리고 친지들과도 자주 의견을 나누었고, 말단의 의견까지도 토론을 통해 전략에 반영했다. 전쟁을 앞두고도 현재의 처지를 일일이 기록하고 이를 조정에 보고하며 상황에 대해 소통하려고 노력하였다. 그래서 이순신 장군은 서신 말미에 일반적으로 쓰는 배拜나 배상拜上을 쓰지 않고, '소통을 하자'는 의미의 '소疏'로 마무리 인사를 했다고 한다. 그의 친구이자 든든한 후원자였던 서애 유성룡은 《징비록》에서 "이순신은 전쟁에 앞서 모든 부하장수들과 전략을 이해시키기 위해 소통함으로써 패전하는 일이 없었다."라고 밝히며, 이순신의 불패신화에 소통 능력이 큰 역할을 했음을 전하고 있다.

이처럼 조직의 원활한 소통에는 리더의 통찰력이 전적

으로 중요하다. 리더는 마치, 오케스트라의 지휘자와 같다. 모든 상황과 흐름을 꿰뚫고 있으면서 그것들을 조율하고, 각각의 다른 악기들이 서로 조화를 이루어낼 수 있도록 이끄는 사람이 지휘자이다. 이는 리더의 역할과 맥락이 같다.

레너드 번스타인이라는 미국 출신의 유명한 지휘자가 있다. 아마 클래식을 좋아하는 독자라면 잘 알고 있을 것이다. 그는 지휘봉을 쓰지 않고 표정과 시선 처리만으로 오케스트라를 지휘한다. 재미있고 친근한 표정으로 마치 연주자 한 사람 한 사람을 존중하고 격려하듯, 입가에 풍부한 표정을 담아 소통한다. 연주에 임하는 오케스트라 단원들도 그의 지휘에 따라 모두 하나가 되어 연주에 몰입하며, 관객은 지휘자의 세심한 표정 하나하나까지 느끼며 연주에 빠져든다. 지시하듯이 찌르고 강렬하게 노려보는 카리스마 퍼포먼스가 아니라, 부드럽고 배려 넘치는 소통의 지휘로 위대한 작품을 완성해간다.

'소통하기 위한 시간'이라며 상사들이 만드는 자리가 부하직원들은 영 불편하기만 하다. 아마도, 그런 자리가 좋은 기억으로 남은 적이 거의 없기 때문일 것이다. 상사들은 젊고 참신한 부하직원들의 생각을 경청해야겠다는 처음의 생각과 달리, 결국에는 본인의 생각만 늘어놓고 주입시키고 있는 자신을 발견하곤 한다. 그러다 보면, 부하직원은 '괜히 내 얘기를 꺼냈다가 상사와 다른 생각이면 불이익이 있을 것 같은데….'라는 생각에 입을 꼭 다문 채 앉아 있다가 자리가 마무리되곤 한다.

상사는 최대한 경청해야 얻을 수 있다. 레너드 번스타인과 같이 격려와 배려로 부하직원들이 그들의 생각을 자유롭게 표현할 수 있도록 이끌어내야 한다. 그렇지 않다면 '소통'을 명목으로 열린 자리는 한없이 불편하고 불필요한 '불통'의 시간으로 허비될 뿐이다.

어린 시절 살던 집을 떠올리면 장독대가 있던 마당 풍경이 가장 먼저 떠오른다. 된장, 간장, 고추장, 소금 등이 담긴 독단지들이 옹기종기 모여 있고, 그 위로 탱자나무 가지가 늘어져 있는 모습이 마치 바깥세상과 경계를 이루듯 집 주위를 나지막하게 감쌌다. 어머니께서는 끼니를 준비하실 때마다 장독대를 수도 없이 오르내리셨고, 장독대를 소중한 아기 다루듯 애지중지 닦고 또 닦으시던 모습이 아직도 눈에 선하다.

　어느새 추억의 물건이 되어버린 옹기는 주둥이가 넓고 배가 불룩해서 마치 어머니 품처럼 많은 것을 담을 수 있는 그릇이다. 음식을 저장하기도 하고, 술을 발효하거나 음료수를 담아두는 용도로도 쓰였다. 옹기가 이렇게 다양한 쓰임새가 있는 데에는 특별한 이유가 있다. 바로 공기가 잘 통하기 때문이다. 물은 통과시키지 않으면서 공기는 잘 통하기 때문에, 바깥과 호흡할 수 있다는 것이 바로 이 옹기가 특별한 이유이다. 흙으로 정성껏 빚어 만든 토기에 1,200도가 넘는 열을 가하면, 흙 속에 들어 있던 유기물질로 인해 미세한 구멍이 생겨나고 이 미세한 구멍으로 공기가 드나들어 주변과 소통을 가능하게 하는 것이다.

　이제는 옹기를 일상에서 흔히 접하기 어려워진 시대이긴 하지만, 우리의 소통만큼은 숨 쉬는 그릇, 옹기의 정신과 함께하는 게 어떨까. 진심이라는 내용은 빠져나가지 않게 단단히 담되, 그 안에 호흡이 살아 있어 주변과 그 진심을 나눠보는 것이다. 부드럽고 따뜻한 감동을 만들어내는 지휘자처럼, 많이 품고 많이 통하는 옹기처럼 소통할 때, 우리의 관계는 더욱 건강하고 단단해질 것이다.

불광불급,
미쳐야 미친다

'불광불급不狂不及.' 미치지 않으면 목표에 도달할 수 없다는 뜻이다. 미친 사람들은 무언가에 푹 빠져 한길만 판다. 남들보다 더 명확한 신념을 가지고 목표를 향해 우직하게 걸어간다. 흔들리지 않는 무게중심, 묵묵히 자신의 자리를 감당해내는 일관성은 그들만이 가질 수 있는 강력한 힘이다.

미친다는 것은 '목적이 분명한 것'이다. 《사기》의 저자 사마천은 한 무제가 흉노 정벌에 온 힘을 쏟고 있을 때 당시 대장군 이릉이 흉노족에게 항복한 사건을 옹호한 적이 있다. 이에 화가 난 무제는 사마천에게 사형을 명했다. 당시에 사면할 수 있는 방법은 어마어마한 벌금 혹은 궁형(거세형) 둘 중 하나를 선택하는 것뿐이었다. 그는 구차할지언정 살아남기 위해 대장부에게 가장 치욕스러운 형벌인 궁형을 선택했다. 부친의 유언에 따라 쓰고 있던 《사기》가 아직 완성되지 않았기 때문이었다.

"사람의 죽음 가운데에는 아홉 마리 소에 털 하나를 뽑는 것 같이 가벼운 죽음이 있는가 하면, 태산보다 훨씬 무거운 죽음도 있다."

그는 이러한 불굴의 의지로 마침내 14년에 걸친 오랜 작업 끝에 52만 6,500자의 《사기》를 완성시켰다. 그는 《사기》에 미쳐 있었던 셈이다. 그것만이 삶의 목적이자 천명이었다.

미친다는 것은 '후회 없이 사는 것'이다. 발레리나 강수진은 중학교를 졸업하자마자 열다섯 살에 유럽으로 유학을 떠났다. 그때부터 그녀는 밤에 3시간을 자고 낮에는 쪽잠을 자며 연습했고, 이 생활을 무려 30년 넘게 했다.

"내 꿈은 하루에 7시간 자는 것."이라고 할 만큼 미친

듯이 발레에만 매달린 것이다. 미친 연습량 때문에 발이 뭉개지고 피가 나면 생고기를 사다 발에 두르고 연습을 계속했다.

또, 미친다는 것은 '절박하다는 것'이다. 조선 정조 때의 학자 이덕무는 책에 미친 사람이었다. 별명마저 '책 읽는 바보라는 뜻'의 간서치看書癡였다. 이덕무는 한겨울 벽에 얼음이 얼어 마치 거울처럼 얼굴이 비칠 정도의 차가운 방에서도 책을 읽었고, 풍열로 눈병에 걸려 눈을 뜰 수 없을 때도 책을 읽었다. 책 살 돈이 없이 가난해서 책을 빌려다가 중요한 부분을 베껴 적은 것이 수만 권이었고, 눈에 보일까 말까 한 작은 글씨로 베낀 책도 수백 권이 넘었다.

그가 이처럼 책 읽기에 몰입했던 것은 다름 아닌 서얼이라는 그의 신분 때문이었다. 서얼이라는 신분으로는 가난과 운명의 굴레에서 벗어날 수 없다고 믿었기에 그에게는 절박함이 있었다. 그 절박함이 학문에 더욱 정진케 했고, 결국 왕으로부터 가장 사랑을 받는 학자가 될 수 있었다.

미친다는 것은 '스스로 한계 짓지 않는 것'이다. 아둔하기로 유명한 조선 중기의 시인 김득신은 《사기》의 '백이전'만 무려 11만 3,000번 읽었다고 한다. 백이전의 글자수는 673자, 오늘날 원고지 분량으로 3~4페이지 정도 되니 대략 38만 페이지를 읽은 셈이다. 이외에도 1만 번 이상 읽은 글이 36편이나 되었다고 하니, 그 노력은 실로 대단하다고밖에 할 수 없다. 그가 스스로 지은 그의 묘비명에는 이렇게 적혀 있다.

"재주가 남만 못하다고 스스로 한계를 짓지 말라. 나보다 어리석고 둔한 사람도 없겠지만, 결국에는 이룸成이 있었다. 모든 것은 힘쓰는 데 달렸을 따름이다."

마지막으로, 미친다는 것은 '포기하지 않는 것'이다. 에디슨은 51세에 시작해 57세까지 3만 번의 실패를 겪고도, 다시 5년을 도전해서 결국 축전지를 발명해냈다. 폰 브라운은 6만 5,000번의 실패 끝에 로켓을 개발했고, 하워드 슐츠는 '스타벅스'의 사업계획을 들고 217명의 투자자들에게 거절을 당했다. 도스토예프스키는 40대 중반까지 평론가들로부터 잡동사니 같은 글만 쓴다는 혹평을 받았다. 성공과 실패의 경계는 포기했는가와 포기하지 않았는가에 있다. 이들의 성공은 아주 단순하게도 '포기하지 않겠다.'는 선택한 의지가 이뤄낸 것이었다.

"나는 칠십 평생 벼루 열 개를 밑창 냈고, 붓 일천 자루를 몽당붓으로 만들었다."

조선 후기 최고의 명필인 추사 김정희의 말씀이다. 돌도 뚫고 붓도 닳게 하는 그의 노력은 온 마음을 다하지 않으면 불가능했던 일일 것이다. 오늘을 열정적으로 살고 있는 모든 이에게, 비록 노력은 고통스럽고 오래 걸리겠지만 그 결과는 순식간에 다가올 것이라고 말하고 싶다. 열정과 노력이 지속 되면 완만했던 효과는 임계치에 이르러 화산처럼 폭발하게 될 것이다.

어쩌면 미친 짓과 미치는 것의 차이는 실오리만큼 미세하다. 남들에게는 그저 미친 짓으로만 보일 수도 있다. 하지만 타인의 시선과 평가를 의식한다면 어떻게 무언가에 제대로 미칠수 있겠는가. 미침狂과 미침及 사이에 열정을 가득 담기를 권한다.

10

미어캣의
공동행동

남아프리카 사막지대에 사는 미어캣은 '사막의 파수꾼'
이라 불린다. 두 발로 서서 빠른 반응으로 주위를 경계하
는 모습 때문에 얻은 별명이다. 그런데 어쩐지 너무 작은
체구가 약육강식의 야생에서 제 몸 하나 살아남는 것도
버거워 보인다. 작은 체구뿐만 아니라, 천적에 비해 이빨
은 날카롭지 않고 근육도 튼튼하지 못하며, 순발력과 지
구력 역시 한참 부족하다.

그러나 미어캣은 강한 생명력의 대명사다. 오죽하면 취

업난에 빠진 우리나라의 젊은 취업준비생과 대학생들을 '미어캣 세대'라고 부를까 싶다. 좌절의 사막에서도 독하고 끈질기게 살아남은 그들의 모습이 떠오르면서, 미어캣의 생명력이 어느 정도일지 감이 온다.

미어캣은 건조하고 토양이 딱딱하며 돌이 많은 곳에서 생활한다. 탁 트인 장소를 좋아하기 때문에 울창한 산림이나 산지에서는 잘 살지 않는다. 수많은 포식자들에게 노출되기 딱 좋다. 그래서 굴을 파고 그 안에서 서식하는데, 굴속에서 떨어진 체온을 회복하기 위해 낮이 되면 햇볕을 쬐러 밖으로 나온다. 이때 두발로 서서 주위를 두리번거리는 모습이 바로, 우리가 '동물의 왕국'에서 자주 접하는 미어캣의 그 모습이다.

미어캣은 무리를 지어 생활하고, 무리 안에서 철저하게 분업한다. 먹이를 구하는 그룹, 새끼를 돌보는 그룹, 상처 입은 미어캣을 돌보는 그룹 그리고 무리의 생존과 직결되는 파수꾼 역할을 하며 주변을 경계하는 그룹이 있다. 이 파수꾼 역할의 미어캣들은 주변 경계 임무를 하는 동안 넓은 시야를 확보하기 위해 두 발로 우뚝 선 자세로 오랫동안 있어야 한다. 그리고 천적이 출현하면 무리에게 알리기 위해 으르렁거리는 신호를 보낸다. 두 행동 모두 천적에게 자신을 완전히 노출시키는 위험천만한 행동이다. 그러나 파수꾼 미어캣은 자신이 천적의 첫 번째 표적이 되는 운명을 받아들여야 한다. 그래야 무리 전체가 생존할 수 있기 때문이다.

미어캣을 오랫동안 연구한 학자들에 따르면, 모든 미어캣이 자신의 역할에 최선을 다하는 것은 아니라고 한다. 위험의 순간 대부분의 미어캣들은 무리에게 소리를 질러 알리지만, 그중 일부는 우선 저부터 살겠다고 도망치는 미어캣도 있다. 도망친 미어캣은 위기 상황 지나가면, 다시 슬그머니 무리로 돌아오기도 하는데, 과연 한순간의 비겁한 선택을 한 이 미어캣을 무리에서 순순히 다시 받아줄까?

그럴 리 없다. 믿음을 저버리고 무리를 위험에 빠트린 미어캣에게 철저하게 응징을 가한다. 무리를 배반하는 자는 어떻게 되는지 확실하게 보여주는 것이다. 그리고 이에 대한 반복학습을 통해 파수꾼 미어캣이 이기적인 본능을 발휘하지 않도록 한다. 이것이 바로 힘이 약한 미어캣이 험난한 야생에서 강한 생명력을 가지고 종의 생존을 이어가는 방법이다. 나름의 방법으로 무리의 공동생존이라는 목적을 달성한 것이다. 작고 약한 미어캣의 강한 생존 비결은 바로 신뢰에서 비롯한 '공동행동'이다. 그들의 공동행동은 의무를 다하는 '책임'과 이기적인 행위에 대한 '통제'를 통해 실현된다. 또 다른 이야기가 있다.

히말라야 설산에 몸은 하나고 머리가 둘 달린 새가 있었다. 머리 하나의 이름은 '가루다'고, 다른 쪽은 '우바가'였다. 둘은 항상 한쪽이 자면 다른 한쪽이 지켜주었다. 어느 날 가루다는 우바가가 잠든 사이에 나무에 달린 먹음직스러운 열매를 발견했다. '그래, 우리는 몸이 하나니까 둘 다 배부르겠지.' 라고 생각하고 가루다는 열매를 맛있게 먹었다. 뒤늦게 이 사실을 알게 된 우바가는 자신이 잠든 사이에 열매를 먹은 가루다에게 복수를 하기로 마음먹었다. "네가 나 몰래 맛난 열매를 먹었으니, 나는 네가 고통스럽도록 독이 든 열매를 먹을 거야."라며 독이든 열매를 먹어버렸다. 그러나 그 순간 우바가는 갑자기 가루다가 한 말이 생각났다. "네가 그 열매를 먹으면 나만 죽는 것이 아니다. 너도 죽게 된다." 그러나 때는 이미 늦었고, 독이 온몸에 퍼져 둘 다 죽고 말았다. 석가모니의 가르침을 기록한

통찰의 위드
With Insight

《불본행집경佛本行集經》 '공명조共命鳥' 편에 나오는 우화다.

공교롭게도 이 두 이야기는 협동조합의 운영 원리를 고스란히 담고 있다. 경제적, 사회적 약자들이 힘을 모은 것이 협동조합이다. 한낱 개인이 시장지배력과 가격교섭력이 막강한 기업들을 상대로 이익을 얻기란 계란으로 바위를 치는 것처럼 어려운 일이다. 각개전투식 개별적 활동을 한들 개인은 상처 가득한 손실만 얻을 뿐이다. 협동조합은 바로 일반 기업의 무차별적인 시장지배력에 대항하기 위한 가장 강력한 공동 행동이다. 조합원들의 공동 행동은 팔 때에는 정당한 값을 받고, 살 때에는 합리적인 값을 치름으로써, 시장 안정을 위한 교섭력을 얻을 수 있도록 하는 것이다.

파수꾼의 역할을 다하지 않고 도망간 미어캣이 무리 전체를 위험하게 만들 듯, 공동 운명이라는 필연을 망각한 이러한 이기적인 행동 역시 조합 전체를 위기에 빠트리게 된다. 작은 이익을 좇는 개인에게서 나타나는 행동이 용인될 때 문제가 된다. 일시적인 가격과 거래 조건에 따라 이익을 위해 공공의 대열에서 이탈해 신뢰를 깨는 것이다. 조합원 전체의 편익이라는 공동의 목표를 실현하기 위해서는 조합원의 자발적 참여는 물론, 이기적인 개인에 대한 통제권이 적절하게 확립되어야 하는 이유다.

우리는 살아가면서 타인과 협력할 것인가, 아니면 내 이익을 최우선으로 취할 것인가 하는 선택의 기로에 종종 놓인다. 이런 순간에 보이는 사람들의 선택을 두고, 어떤 사람은 '인간은 그 자체가 이기적인 존재'라고 말하고 또 어떤 사람은 '인간은 천성적으로 이타적인 존재'라고 말한다. 어느 쪽이 됐든 한 가지 분명한 사실이 있다. 이타적인 사람도 이기적인 사람도 절대 혼자서는 살 수 없다는 것. 반드시 다른 사람과 함께 의지하며 살아간다는 것이다.

모범적인 유럽의 협동조합이 물 흐르듯 유지되는 이유도 바로 조합과 조합원 사이에 깊은 신뢰 때문이다. 조합은 조합대로 조합원, 나아가 지역 공동체의 이익을 우선한 시스템을 구축하는 역할에 충실해야 하고, 조합원은 공동체 전체의 이익을 함께 고민할 때만이 조합원의 실익 증진에 한걸음 다가갈 수 있다. 약한 미어캣 무리가 약육강식의 사막에서 꿋꿋이 생존할 수 있는 것처럼, 두 머리를 가진 새가 서로 협력해야 살 수 있는 것처럼 말이다.

크로노스와
카이로스

고대 그리스인들은 시간을 '크로노스Kronos'와 '카이로스Kairos'로 구분했다. 누구에게나 주어지는 일상의 물리적인 시간을 크로노스, 자신의 선택에 의해 만들어지는 의미 있는 시간을 카이로스라고 했다. 카이로스의 시간은 '시각時刻'이라고 달리 표현하기도 한다. 주어진 시점을 어떻게 스스로 만들어 그 속에 의미를 새겨넣을지에 대한 의미이다.

워렌 버핏이 샌프란시스코의 한 빈민구호단체에 기부

할 목적으로 2000년부터 자신과의 점심 식사를 경매에 부치고 있는데, 그 낙찰가가 실로 어머어마하다. 2017년에는 경매시작 2분 만에 최종 30억 원에 낙찰되기도 했다.

그 낙찰자에게 몇 십 년간 존재했던 평소 점심식사 1시간은 크로노스의 시간이겠지만, 워렌 버핏과 함께하는 시간은 카이로스의 시간이기에 그토록 비싼 가치를 지불했을 것이다. 이 대화에서 주도권은 전적으로 낙찰자에게 있다. 그가 궁금한 모든 것을 질문하게 하고, 워렌 버핏은 답을 한다. 그 대답 속에서 해답을 찾는 것도 전적으로 낙찰자의 몫이다. 만일 낙찰자가 아무 말도 하지 않으면 워렌 버핏은 아무 대답도 하지 않는다. 시간의 의미를 찾는 것도 낙찰자가 감당해야 한다고 믿기 때문이다. 사실 워렌 버핏은 매일 맥도날드에서 3,500원짜리 햄버거를 먹는다. 하지만 이런 기회를 만드는 것은 단순히 기부만을 위한 것은 아닐 것이다. 그의 방식대로 그가 경험했던 시간의 의미를 사람들에게 알려주려는 지혜가 아닐까.

연말연시가 되면 세월이 왜 이렇게 빠르냐고 한탄하는 사람들을 종종 볼 수 있다. 하루를 의미 없이 흘러가는 크로노스의 시간으로 보냈으니, 그 일상들을 합한 1년은 별 의미 없는 내용으로 이루어진 시간일 것이다. 크로노스가 물리적인 1년의 시간이라면, 카이로스는 그 시간에 있었던 의미 있는 성과와 추억이다. 크로노스가 우리 삶의 길이이자 수명이라면, 카이로스는 '삶의 내용'인 것이다.

그럼, 어떻게 하면 멋진 카이로스의 삶을 살 수 있을까? 누구에게나 시간은 공평하게 주어지고 지금도 끊임없이 시간은 흘러간다. 같은 회사에서 같은 시간을 보내지만, 누군가는 매일매일을 겨우 버티듯 크로노스에 매몰되어 살아가고, 누군가는 매일 새롭고 가치 있는 시간을 만드는 카이로스로 살아간다.

"돈보다 '워라밸'이다."

직장인들 사이에 떠오르고 있는 신조어이다. 워라밸이란 'work and life balance'의 약자로 '일과 삶의 균형'이란 뜻이다. 실제로 연봉보다 삶의 질을 더 중요하게 여기는 직장인들의 마음을 표현한 것이다. 그리고 이런 추세를 반영하듯 최근 많은 기업들이 직원 개개인의 행복한 삶을 위해 노력하고 있다. 그것이 기업의 생산성과 직결되고 있다는 사실을 알았기 때문이다. 일부 회사에서는 퇴근 시간이 되면 컴퓨터가 자동으로 꺼지는 PC 오프제를 도입하기도 하고, 퇴근 이후 업무와 관련한 메시지를 보내고, 쉬는 날 업무를 지시하는 상사에게 인사상 불이익을 주기도 한다. 심지어 정치권에서도 저녁이 있는 삶을 대국민 공약으로 내걸거나, 칼퇴근법, 휴대폰을 통한 업무지시 금지법 등이 발의 검토되기도 했다.

그런데 이러한 워라밸은 기업의 노력만으로는 이루어낼 수 없다. 개인의 시간 관리가 먼저 선행되어야 한다. 동일한 성과를 내며 정시 퇴근하기 위해서는 직장 내에서의 근무시간을 카이로스의 시간 개념으로 접근해 관리해야 한다. 일할 때 우선순위를 정하고, 시간을 효율적으로 활용하며, 불필요한 것들을 과감히 없애는 결단이 필요하다. 진정한 워라밸은 카이로스적 시간 관리에서 시작된다.

'코닥 모멘트Kodak Moment'라는 말이 있다. 필름 브랜드인 코닥의 광고로 유명해져 아예 흔하게 쓰이는 관용어구가 되었는데, 사진으로 남기고 싶은 장면이나 소중한 순간을 뜻할 때 사용한다. 코닥 모멘트는 카이로스적 관점으로 살다 보면 만나는 선물이다. 중요한 건 지금이다. 위대한 역사도 충실한 현재의 산물인 것이다. 지금 이 시점을 어떻게 보내는가가 중요한 것이다.

우리는 살아가면서 타인과 협력할 것인가, 아니면 내 이익을 최우선으로 취할 것인가 하는 선택의 기로에 종종 놓인다. 이런 순간에 보이는 사람들의 선택을 두고, 어떤 사람은 '인간은 그 자체가 이기적인 존재'라고 말하고 또 어떤 사람은 '인간은 천성적으로 이타적인 존재'라고 말한다. 어느 쪽이 됐든 한 가지 분명한 사실이 있다. 이타적인 사람도 이기적인 사람도 절대 혼자서는 살 수 없다는 것. 반드시 다른 사람과 함께 의지하며 살아간다는 것이다.

2장

실행의 위드

더딘 함께가
빠른 길이다

With Action

01

소달구지와
농부

1960년 장편소설 《대지大地》로 잘 알려진 노벨 문학상 수상자 펄벅 여사가 한국을 처음으로 방문했을 때 일이다. 그녀는 여행 기간 동안 당시로는 아주 평범한 경주 인근의 한 농촌 마을을 들렀다. 그곳에서 그녀는 아주 진기한 풍경을 보게 되었다. 황혼 무렵 한 농부가 소달구지에 볏단을 싣고 가면서 자신의 지게에도 볏단을 진 채로 가는 모습이었다. 당시 우리나라 사람에게는 일상적으로 여길 수 있는 이 장면이 서양 사람 눈에는 도무지 이해가 되지 않는 풍경이었나보다. 그녀는 농부에게 다가가 물었다.

"소달구지에 볏단을 싣고 할아버지가 타고 가면 훨씬 편하게 갈 수 있을 텐데 왜 그리 힘들게 지게에 지고 가십니까?"

이에 농부는 대답했다.

"나도 하루 종일 일했지만 저 녀석도 하루 종일 일했는 걸요. 그러니 짐도 서로 나누어 지고 가야지요."

그녀는 고국으로 돌아가서 이 장면을 세상에서 본 가장 아름다웠던 풍경이라고 회고했다.

"서양의 농부라면 짐을 모두 소달구지 위에 싣고, 자신도 소달구지를 탄 채 편하게 집으로 향했을 것이다. 하지만 한국의 농부는 달랐다. 그는 소가 짊어져야 할 짐을 덜어주고자 자신이 볏단을 한 짐 나눠 진 채로 소와 함께 걸어 돌아왔다. 나는 그 모습을 보며 온몸에 전율을 느꼈다."

조선 세종 때 농사법을 연구하여 작성한 농사기술서

《농사직설》에는 이런 기록이 있다.

"봄에는 얕게 갈고, 가을에는 깊게 갈았다."

가문 봄에는 되도록 새 땅이 나오지 않을 정도로 얕게 갈아 바로 흙을 덮는 것이 좋고, 가을에는 되도록 깊게 가는 것이 좋다고 했다. 가을에는 작물 밑둥에 남아 있는 유기물을 땅속 깊숙이 넣기 위해 깊이 가는 것이고, 봄에는 주로 묘나 씨앗을 심을 만큼만 얕게 파는 것이다.

특히 봄 밭갈이는 굳이 파지 않아도 될 땅까지 깊게 파서 소가 힘 쓰는 것을 막기 위한 선조들의 지혜가 녹아 있다. 작은 일에도 소를 배려했던 농부의 마음이 담겨 있는 것이다.

시골 마당 감나무의 감이 빨갛게 익어가면 가을은 점점 더 깊어져 간다. 시골 어르신들은 다 익은 감을 따면서 가장 높은 곳에 달린 감 한두 개는 꼭 남겨두었다. 따기 힘들어서 따지 않은 것이 아니라 먹이를 구하기 힘든 추운 겨울에 새들이 먹도록 남겨두는 것이다.

씨앗을 심어도 꼭 3개를 심었다. 하나는 하늘의 새들

이 먹고, 또 하나는 땅속의 벌레가 먹고 그리고 나머지는 싹을 틔워 훗날 열매를 맺으면 다시 나눠 먹겠다는 의미이다.

이처럼 농부들은 오직 자신만을 위해 농사를 짓지 않았다. 자연과 새, 벌레까지도 위할 줄 알았고 그것이 다시 우리 모두를 위하는 길인 것도 알고 있었다.

한창 바쁜 농번기가 되면 이웃끼리 품앗이하여 서로 도와 함께 일했다. 협동을 통해 일의 능률을 높이고 정情도 나눌 수 있는 선조들의 지혜였다. 마을 공동의 일을 네 일내 일 없이 주민들과 함께 논의하던 두레라는 공동체 조직은 노동력이 귀했던 시절 서로에게 큰 힘이 되었다. 마을 전체의 모내기, 김매기, 벼 베기 등 농사일을 함께 계획하며 마을 소속감을 다지기도 했다.

하지만 안타깝게도 이처럼 더불어 살았던 우리의 배려 정신은 산업화와 빠른 경제성장을 거치며 서서히 잊히고 있다.

산업화는 기술의 발전을 이끌었고, 늘 함께 무언가를 공동으로 해오던 사람들은 이제 독자적으로 많은 일을 할 수 있게 되었다. 편리함은 크게 늘었지만 사람은 다른 사람들로부터 소외되며 고유한 인격보다는 상품적 가치로 평가되는 시대로 급변했다. 얼마 전 지하철을 타고 있는 사람들 모두가 스마트폰만 들여다보고 있는 모습이 찍힌 사진을 보고 매우 놀랐다. 불과 10년 전만 해도 생각지 못했던, 그야말로 진풍경이었다. 타인과의 관계는 급격히 단절되고 스마트폰이 구현해낸 가상의 세계로 사람들이 몰입하고 있는 것이다.

스마트폰은 우리의 삶을 더없이 편리하게 이끌어주었다. 시간과 장소의 구애를 받지 않고 언제 어디서나 무선 인터넷을 사용할 수 있고, 각종 정보 검색은 물론 SNS 등을 통해 생각과 정보를 공유하는 한편, 게임, 음악, 영화 등 다양한 여가생활까지도 즐길 수 있다. 시장이나 마트를 직접 다니며 구매했던 물건들도 이제는 집에 앉아 스마트폰으로 모두 해결 가능하다. 모바일 쇼핑 거래가 엄청난 증가 추세를 보이며, 백화점 매출과 PC인터넷 쇼핑 매출을 넘어섰다고 하니, 이미 '발품에서 손품'으로 소비 대혁명을 이끌고 있는 것이다.

기술을 과거로 되돌릴 수 없으며, 그 기술이 준 혜택도 되돌릴 필요는 없다. 지금 우리는 분명히 과거보다 나은 세상에 살고 있다. 그러나 기술이 지배하는 세계 속에서 기술이 인간을 소외시키고, 또 그 시스템이 만들어낸 사람이 사람을 소외시키는 '기술의 역설'만큼은 우리가 반드시 다시 생각해보아야 할 문제다.

서로 이해하고 서로 배려하는 '정'의 덕목을 어떻게 부활시킬 수 있을까? 지난날 펄벅이 농촌에서 느꼈던 배려의 감동, 까치밥을 남겨놓는 선조들의 상생 정신들을 그들 안에 녹일 수만 있다면 모바일 속 세상은 이 시대 젊은이들에게 또 다른 배움의 장이 될 수도 있을 텐데 말이다. 러시아 출신의 지리학자이자 철학자인 크로포트킨은 말했다.

"자연의 거친 생존투쟁에서 살아남는 종種은 공격성이 가장 강한 부류가 아니라, 오히려 서로 돕고 힘을 합칠 줄 아는 종種들이었다."

자본주의는 모든 인간관계의 의미를 돈으로 바꾸어버

렸지만, 날로 각박해지고 있는 세상에 우리의 소중한 '같이'의 가치가 살아 숨쉬기를 바란다.

아드 폰테스,
다시 근본으로

나무는 인간의 오랜 친구이다. 나무 목木을 부수로 하는 한자가 1,000자가 넘는 것만 봐도, 예로부터 나무가 우리에게 얼마나 친숙한 존재인지 짐작할 수 있다.

한자 본本은 나무 밑동 부분에 3개의 점을 찍어 그곳이 뿌리임을 나타낸다. 빛을 향해 위로 뻗는 나무줄기와 아래에는 줄기를 움켜 잡아주는 뿌리가 대칭으로 함께 자라고 있는 모습이다.

내가 살던 고향의 뒷산에는 밤나무가 많았다. 벗들과

함께 뒷산에 올라 저절로 떨어진 밤을 꼬챙이로 벌려가며 줍던 풋풋한 추억도 있다. 밤나무는 유가儒家에서 매우 특별히 여기는 나무다. 조율이시棗栗梨柿라 해서 제사상에도 오르는 귀한 열매다. 밤나무가 더 특별한 이유는 그 뿌리 밑에 처음 밤나무를 심었을 때 심은 씨가 그대로 남아 있기 때문이라고 한다. 수년 전 어느 수목원에서 밤나무를 이식할 때에도 뿌리 끝에 달려 있는 처음의 밤톨이 그대로 붙어 있는 것이 관찰되어 화제가 되기도 했다.

그래서 우리 선조들이 밤나무를 출발과 근원을 잊지 않는 나무라고 여겼던 것은 아닐까. 《조선왕조실록》에는 왕실의 제사를 관장하던 봉상사에서 위패를 만들 때 반드시 밤나무를 썼고, 민간에서도 제기祭器를 만들 때 밤나무를 사용했다는 기록이 전해진다. 참나무, 오동나무 등 오래 가고 더 단단한 나무도 많은데 굳이 밤나무를 제사 도구로 썼던 이유이다.

고전 또한 한결같이 뿌리를 강조한다. 《논어》는 "군자는 근본에 힘써야 한다. 근본이 서면 도가 생겨난다."고 하였고, 《맹자》는 "무릇 그 근본을 돌아봐야 한다."고 했다.

하지만 직접 실천하는 것은 쉽지 않다. 땅 위로 솟아오르는 나무의 줄기와 가지에는 쉽게 눈이 가지만, 땅속을 향해 어둠과 자갈을 뚫고 깊숙이 뻗은 뿌리까지 보기는 쉽지 않기 때문이다. 나무에 꽃이 피고, 열매가 맺으면 모두 그 화려함에 시선을 빼앗길 뿐, 뿌리가 묵묵히 수행했을 노고와 역할에까지 생각이 미치기는 어렵다.

우리가 뿌리를 알아야 한다는 것에는 2가지 의미가 있다. 하나는 시간적인 개념에서 현재와 과거의 소통을 말한다. 과거와 소통해야 하는 이유는 명확하다. 지금 우리가 왜 이렇게 되었느냐고 물으면 과거는 역사를 통해 우리에게 상세히 설명해준다. 과거의 원인을 조명함으로써 현상을 진단하고 그래야 개선된 미래를 설계해갈 수 있다.

다른 하나는 조직 내 뿌리를 아는 일이다. 조직이 커지고 복잡해지면서 조직 전체의 모양을 이해하기 점점 더 어려워지고 있다. 우리 조직이 어떤 형태를 가지고 있고 누가 뿌리인가를 알아봐야 한다는 뜻이다. 뿌리를 모르면 우리가 누구를 위해 일하고 있는지, 또 무엇을 어떻게 해야 하는지를 제대로 알 수 없다.

오늘날의 협동조합은 겉으로 보기에 매우 복잡한 조직이다. 하지만 뿌리를 찾아 올라가면 간단해진다. 시간적 개념의 뿌리에는 로치데일 협동조합이 존재하고, 구조적 개념의 뿌리에는 조합원이 존재하는 것이다. 즉, 운동체로서의 협동조합에 그 뿌리를 두고 있다. 생존을 위한 비즈니스를 수행해야 하지만, 그 이전에 운동체로서의 초심이 강조되어야 하는 이유이다.

"아드 폰데스Ad Fontes, 즉 근본으로 돌아가자."

위대한 인문주의자 에라스무스는 이렇게 말했다.

이 말은 오늘날 모든 조직과 개인에 적용할 수 있는 말이다. 처음으로 되돌아가보는 것, 그것은 다시금 새로운 마음으로 정진할 수 있게 하는 힘을 찾게 한다. 뿌리를 돌아보고 초심을 찾는 일이 과거와 미래를 이어주는 소중한 실천임을 깨닫는다면, 분명 또 다른 의미로 다가올 것이다.

민주주의
학교

협동조합은 '민주주의 학교'다. 민주주의를 체험하고 향상시키는 모든 과정이 협동조합 안에 모두 담겨 있다. 1인 1표의 원칙을 민주주의에 앞서 자리매김하였고, 초기 민주주의의 절차가 자리 잡는 데 무엇보다도 협동조합이 큰 역할이 있었음을 부인하기 어렵다. 국제협동조합연맹은 협동조합의 민주적 관리 원칙을 다음과 같이 소개한다.

"협동조합은 조합원에 의해서 관리되는 민주적인 조직으로서 조합원은 정책수립과 의사결정에 적극적으로 참여한다. 선출된 임원은 조합원에게 책임을 지고 봉사한다. 1차 조합에서 조합원은 동등한 투표권을 가지며(1인 1표), 연합 단계의 협동조합도 민주적인 방식으로 조직된다."

여기서 무엇보다 중요한 가치가 바로 '민주'다. 민주라는 말은 글자 그대로 모든 사람이 주인이 됨을 의미한다. 인간이 가장 존엄하며 그 사람이 어떠한 조건에 있든 그 자체로 존중받아야 하고, 나아가 모든 사람이 인격적인 평등을 누릴 수 있어야 한다는 뜻이다. 그리고 '1인 1표'는 이러한 민주를 실현하기 위한 최소한의 수단이다.

초기 협동조합 태동기의 운동가들은 '왜 사회는 불평등한가?'에 주목했다. 산업혁명 이후 생산력이 비약적으로 발전해 물자가 풍족해졌음에도, 사는 건 오히려 이전보다 더 비참해졌기 때문이다. 그들은 자본을 중심으로 돌아가는 체계가 그 원인이라고 생각했다. 그리고 그 중심에 자본이 아닌 사람을 두어야 한다는 것이 협동조합 운동가들의 생각이었다.

그들은 교육을 핵심으로 여겼다. 직접 민주주의가 불가능한 조건에서는 개인의 권리를 대리인에게 위임하게 되어 있는데, 이 대리인이 바른 참정권을 행사하기 위해서는 교육이 필수라고 생각했기 때문이다. 주인이 자신의 권리를 깨닫고, 그것이 실현되는 과정에서 대리인을 제대로 통제할 수 있을 때 비로소 민주주의가 실현될 수 있다고 믿었던 것이다. 한 사람이 인격적으로 존중을 받는다는 것은 생산성과 매우 밀접한 관련이 있다. 수동적인 사람보다 자발적인 사람이 높은 생산성을 보이는 것은 당연하다. 그래서 로버트 오언은 세계 최초의 유치원을 설립했다. 독일의 프뢰벨보다 20여 년이나 앞선 것이었다. 또한 뉴라나크 공장 안에 초등학교는 물론 노동자를 위한 학교도 설립했다. 노동자들에게 일만 시키며 쥐어짜는 대신, 그들에게 교육의 기회를 제공하고 근무하는 환경을 개선해준다면 생산성도 자연히 높아질 수 있다고 생각한 것이다. 실제로 뉴라나크 공장의 생산성은 놀랄 만큼 향상되었고, 유럽 전역에서 뉴라나크 공장을 견학하겠다는 지식인과 기업가들이 한 해에만 2만 명에 이를 정도로 크게 주목을 받았다.

오언의 영향을 이어받아 로치데일 협동조합 역시 매우 열악한 상황 속에서도 '민주주의 학교'로서의 역할을 충

실히 했다. 설립 초기부터 이윤의 2.5퍼센트를 교육기금
으로 적립했으며, 조합원들이 양질의 정보를 얻고 학습할
수 있도록 새로운 점포를 만들 때마다 신문열람실과 도서
실을 필히 설치하도록 했다. 제이콥 홀리요크는 그의 저
서 《로치데일 공정선구자 협동조합: 역사와 사람들》에서
로치데일 협동조합이 만든 도서실과 신문열람실, 청년들
을 위한 각종 학교를 운영한 것에 대해 "만일 이것이 없었
다면 그들은 보다 자유롭고 용기 있는 태도를 배우지 못
했을 것이다. 교육의 힘으로 누구에게도 의지하지 않았기
에 협동조합 사람들은 아무도 두려워하지 않았고, 어느
곳으로부터도 지배당하지 않을 수 있었다."라고 했다.

조합장 선출이나 대의원 총회 등 의례적인 형식에서 벗
어나, 조합원들이 조합의 사업계획을 수립하고 운영에 적
극적으로 참여할 수 있는 다양한 제도적 장치를 마련해
야 한다. 더불어, 조합원들에게 주기적으로 조합의 정보
를 제공해야 한다. 이 과정을 통해 조합원들은 민주주의
의 가치를 이해하고 민주주의를 실천하는 민주주의자로
성장할 수 있다. 개인의 존엄성을 인정하고 누구에게나
개방되는 협동조합의 조합원 제도에는 '민주주의 학교'로

서의 의미가 가장 잘 반영되어 있다. 이는 '교육의 원칙'과 '조합원의 민주적 관리의 원칙'을 통해서도 엿볼 수 있다.

조합원은 자신들의 의견이 수렴되고 의사결정에 반영되고 있다는 확신이 있어야 주인으로서 참여의식을 가질 수 있다. 그렇기 때문에 선출된 임원이나 직원은 종교적, 정치적, 사회적 배경에 관계없이 조합원을 이해하기 위해 노력하고, 조합원이 민주적 절차를 통해 자신의 의사를 적극적으로 표현할 수 있도록 교육해야 한다. 즉, 누구에게나 열려 있지만 책임과 의무를 다하는 조합원들이 소통과 배려로서 협동을 실천하는 것이 핵심이라고 할 수 있다. 이것이 바로 이상적인 민주주의 모습 그 자체인 것이다.

큰 경제위기를 겪은 영국은 공립학교를 협동조합 학교로 전환해나가고 있다. 협동조합 학교란, 협동조합의 방식으로 운영되는 학교다. 2008년 처음 협동조합 학교가 만들어진 후 7년 동안 무려 843개로 늘어났다. 영국 협동조합의 리더이자 경제학자인 로빈 머레이는 "협동조합이라는 경제 프로젝트의 성공을 위해 교육이 필요한 것이 아니라, 협동조합 자체가 경제활동을 기반으로 한 교육

프로젝트이다."라고 말했다. 처음부터 협동조합은 교육공동체였다는 뜻이다. 지금 영국에서 협동조합 학교가 이처럼 확대되고 있는 것은, 돈이 아닌 인간의 존엄성을 중심으로 사회와 경제를 구성하려는 노력의 일환으로 보인다. 민주주의가 성숙한 사회일수록 더 높은 생산성과 행복을 가질 수 있다는 믿음을 기반으로 말이다.

'민주'라는 말은 모든 사람이 주인이 됨을 의미한다. 인간이 가장 존엄하며 그 사람이 어떠한 조건에 있든 그 자체로 존중받아야 하고, 인격적인 평등을 누릴 수 있어야 한다는 뜻이다. 초기 협동조합 태동기의 운동가들은 '왜 사회는 불평등한가?'에 주목했다. 산업혁명 이후 물자가 풍족해졌음에도, 사는 건 오히려 이전보다 더 비참해졌기 때문이다. 그들은 자본 중심 체계가 그 원인이라고 생각했다. 그리고 그 중심에 자본이 아닌 사람을 두어야 한다는 것이 협동조합 운동가들의 생각이었다.

04

협동조합의
사일로

테러 역사상 가장 많은 사망자가 발생한 9·11테러 사건 진상조사위원회에서 21개월간 진행한 조사 결과를 발표했다. 방대한 자료와 수많은 인터뷰를 종합한 이 보고서에 의하면, FBI, CIA, 백악관 등이 테러리스트들의 정보를 공유하고 협력했더라면 충분히 테러를 막을 수 있었다고 한다. 당시 각 정보기관들은 자신들이 보유하고 있는 정보를 독점하고, 다른 정보기관들의 활동에 대해서는 무관심하거나 경쟁적 관계로 인식하고 있었던 것이다.

이 무렵, 부서 이기주의를 뜻하는 '사일로 이펙트Silos Effect'에 대한 관심이 높아졌다. 사일로 이펙트는 곡식을 저장해두는 창고인 사일로silo처럼 조직 내부에서 서로 다른 부서와 담을 쌓고 자신들의 부서 이익만을 추구하는 현상을 말한다. 9·11테러에서 얻을 수 있는 교훈이었지만, 많은 기업들이 이 사일로 이펙트에 주목했던 데는 그만한 이유가 있다. 기업 내 부서장들 간의 권력경쟁, 불명확한 업무영역, 책임한계에 따른 선별적 업무처리 등으로 정작 회사보다 개인 또는 부서 위주의 경영이 이루어지는 경향이 점점 커졌기 때문이다.

삼성경제연구소에서 직장인들을 대상으로 '한국기업의 소통을 가로막는 벽이 무엇인가?'라는 설문조사를 실시한 결과, '자기 이익만 추구하는 개인과 부서 이기주의'라는 응답이 32퍼센트로 가장 높게 나타났다. 그만큼 부서 이기주의가 조직 전반에 만연해 있다는 사실을 알려주는 결과다.

부서 이기주의는 기업이 비대해지면서 발생하는 경우가 많다. 효율성을 이유로 조직을 전문화, 분산화했기 때문이다. 초기에는 매우 효율적으로 이루어지는 듯 보이지만, 시간이 지날수록 다른 부서 사람들과 소통이 줄어 자연스럽게 사일로에 갇히기 십상이다. 따라서 기업들이 현재의 문제를 진단하고 더욱 진화된 경영기법을 개발하게 되면서 다시 비대해진 조직을 어떻게 하면 효율적이고 작고 강한 조직으로 변화시킬 것인가에 주목하고 있다.

워크맨, 사진기 등으로 세계 전자업계를 평정했던 소니는 사내 경쟁을 통해 기업의 역량을 키우고자 했다. 그래서 일본기업으로서는 최초로 1994년 부서별 '독립채산제'를 도입했다. 전문가들은 선진 경영방식을 도입한 소니가 부서들의 효율성을 높이고 한층 더 강화된 책임 경영을 이어갈 것이라는 긍정적인 기대를 쏟아냈다. 그러나 기대와는 달리 이 방식은 부서 간의 경쟁을 유발해 이기주의를 만연하게 하고, 부서 간 소통의 부재라는 부작용을 낳았다. 심지어 각 부서마다 독자적으로 제품 개발을 하다 보니 각기 다른 스마트폰이 개발되는 어처구니없는 일이 발생하기도 했다. 소니제품 10개가 있으면 충전기도 10개 필요할 것이라는 농담 섞인 얘기도 있었다고 한다.

마이크로소프트가 태블릿PC 시장에서 뒤쳐진 이유 역

시 다름 아닌 부서 이기주의 때문이라는 의견이 있다. 하드웨어를 담당하는 부서가 빠르게 시장의 흐름을 읽고 태블릿 PC를 조기 개발했지만, 소프트웨어를 담당하는 부서에서 새로 개발한 태블릿 PC와 MS오피스의 연동을 허용하지 않았던 것이다. 한창 잘나가던 마이크로소프트는 이때부터 애플의 뒤만 쫓는 신세가 되지 않았나 싶다.

어쩌면 사일로 효과를 극복하는 방법은 단순하다. 이를 극복한 조직의 공통점은 구성원 모두가 조직의 목표를 인식하고 한 방향으로 전진했다는 것이다. 과거 구 소련이 유인 우주선 발사에 성공하자 미국은 조급해졌다. 미국 정부는 NASA에 소련보다 늦은 개발에 대한 책임을 물었고 NASA에서는 각 부서 간에 서로 책임을 미루기에 급급했다. 이를 지켜보던 케네디 대통령은 '미국이 10년 안에 인간을 달에 보내고 지구로 안전하게 귀환시키자.'는 보다 원대한 목표를 제시했다. 이기심을 유발하는 작은 성과 대신에 큰 목표를 공유케 함으로써, 사일로를 극복하고 NASA의 힘을 하나로 모으는 데 성공했다.

협동조합도 마찬가지다. 개인이나 부서 간, 혹은 더 나

실행의 위드
With Action

아가 협동조합 간 이기심이 팽배해질 때 협동조합의 본연의 가치로부터 벗어날 수밖에 없다. 작은 이익을 좇아 경쟁할 때 공동의 편익은 균열되고 본질은 상실된다. 이윤만을 추구하는 기업처럼 다른 경제적 약자를 배제한다면, 또한 부유한 조합원의 이익이 더 반영된다면 협동조합은 존재 가치를 잃는다. NASA가 더 원대한 가치에 매진했을 때, 더 큰 결과를 이뤘다는 사실에 우리는 주목할 필요가 있다.

"점을 이어라."

혁신의 아이콘 스티브 잡스가 스탠포드대학교 졸업식에서 한 말이다. 자신의 인생에서 경험했던 순간순간이 점이라면, 그 점을 잇고 선을 만들어 인생의 면을 완성해야 한다. 사일로 안에서는 각각이 점으로 존재한다. 그리고 그 점에 소속되어 있는 사람들은 그 점에 특별한 의미를 부여하고 다른 점과의 연결점을 찾지 않는다. 그러다 보니 다른 점의 크기를 알지 못한 채 내 점만 부각시켜 사업의 불균형을 초래하게 된다. 따라서 옆에 있는 점들의 모양과 크기를 보아가며 선을 연결하고 자신만이 아닌 우리를 볼 줄 알아야 한다. 그래서 개인의 목표나 부서의 목표보다, 기업의 목표에 항상 시선을 두고 있어야 한다. 자신이 맡은 일은 물론이고, 부서라는 작은 점들을 연결하여 하나의 선으로 완성시켜 나가야, 보다 원대한 조직의 목표를 달성할 수 있을 것이다.

05

아웃 오브 박스

에베레스트는 해발 8,848미터로 2,744미터의 백두산을 3개 쌓아 놓은 높은 산이다. 심장을 얼어붙게 만드는 영하 40도의 추위 그리고 지상과 비교해 3분의 1에 불과한 산소량은 극한의 기압으로 인간의 한계를 시험한다.

최정예 등반가들이 정복에 실패하고 차가운 눈 속에서 생을 마감한 탓에 에베레스트는 '죽음의 산'으로 불려왔다. 1953년 뉴질랜드 탐험가 에드먼드 힐러리 경이 역사상 최초로 정상을 정복하고 1977년 고상돈 대원이 한국인 최초로 정상을 밟을 때까지, 24년간 에베레스트 정복에 성공한 사람은 단 57명뿐이었다.

그런데 2004년, 세계산악연맹은 한 해 동안 에베레스트의 정상을 정복한 사람 수가 무려 330명에 달한다고 발표했다. 2006년에는 480명, 2008년에는 600명으로 등반에 성공한 사람은 계속 늘어났다. 이처럼 성공한 사람의 수가 폭발적으로 늘어난 이유는 과연 무엇일까? 답은 바로 베이스캠프의 위치를 끌어올린 것에 있었다.

베이스캠프는 정상 정복을 위한 전초 기지로서 아주 중요한 역할을 한다. 1954년부터 1977년까지는 해발 2,000미터 지점에 베이스캠프를 설치하는 것이 관례였다. 이는 끌어올릴 수 있는 기술이 없었던 것이 아니라, 그저 당시 사람들은 단순히 베이스캠프가 그 정도 높이면 적당하다고 여겼기 때문이다. 변화무쌍한 날씨나 등반자의 컨디션에 따라 정상까지 오르지 못하면, 다시 베이스캠프로 돌아와야 하는데, 그 길이 너무 멀고도 험난해서 정상 정복만큼이나 등정대원의 체력을 소모시켰다. 게다가 다시 도전하려면 정상까지 이르는 거리와 동반되는 여러 가지 변수를 고려해야만 했다.

베이스캠프를 정상에 가깝게 옮겨놓자 그 효과는 상상 이상이었다. 정상 가까이에 베이스캠프가 있으니 날씨의 변화에 대한 대응이 가능해졌고, 불확실한 변수들이 상당수 제거되면서 정복이 훨씬 더 수월해졌다. 더욱이 최근에는 6,000~7,000미터 지점까지 베이스캠프를 끌어올려 설치함으로써 성공률은 한층 더 높아졌다. 도저히 극복하기 힘든 한계라고 여겼던 에베레스트 정복, 하지만 베이스캠프를 높임으로써 불가능한 목표가 아님을 보여주었다.

우리가 추구하는 목표도 비슷하다. 지나치게 낮은 목표를 세워 쉽게 달성하고 안주하기보다는 도전적인 목표를 세워 성취해나갈 때 보람을 느낀다. 책임과 역할이라는 베이스캠프를 끌어올림으로써 조직은 한 단계 더 나아갈 수 있다.

베이스캠프가 해발 2,000미터 고지에 위치하는 것을 당연하다고 여겼던 사람들은 스스로 지은 한계에 갇혀 실패를 반복했다. 비록 어려워 보이는 목표일지라도 도저히 해낼 수 없을 것이라고 주저앉기보다는 중요한 거점에 베이스캠프를 정하고 최종 목표에 이르는 방법을 끊임없이 모색해야 한다. 또 지금까지 목표를 이루는 데 1년이 걸렸다면, 그보다 훨씬 더 짧은 시간에 효과적으로 더 많은 성과를 거둘 수 있도록 조직 내 모든 시스템의 수준을 끌어올려야 한다.

협동조합의 경우, 목표 달성을 하는 데 보이는 한계와 보이지 않는 한계가 동시에 존재한다. 협동조합이기 때문에 어쩔 수 없는 한계와 오래된 관행은 낮은 베이스캠프와 다름없다. 이제부터는 조합원의 권익증진이라는 목표를 위해 협동조합적 가치는 유지하되, 동시에 경영체로서 보다 능동적인 도전을 꿈꾸어야 한다. 건전한 경영체로서의 활동으로 필요수익을 확보함으로써 본연의 목표를 더 쉽게 달성할 수 있다. 누군가 '베이스캠프를 끌어올리면 성공확률이 더 높아지지 않을까?'라고 발상했던 것처럼, 늘 같은 사고, 같은 방법에서 벗어나 과감한 발상 전환이 필요한 때이다.

베이스캠프를 더 높은 곳에 올려놓을 때 도전의 기회는 열리고, 성공의 확률은 더욱 높아진다. 스스로 정한 한계가 있다면 그 한계 위로 베이스캠프를 옮기자. 그곳이 곧 출발점이다.

베이스캠프가 해발 2,000미터 고지에 위치하는 것을 당연하다고 여겼던 사람들은 스스로 지은 한계에 갇혀 실패를 반복했다. 비록 어려워 보이는 목표일지라도 도저히 해낼 수 없을 것이라고 주저앉기보다는 중요한 거점에 베이스캠프를 정하고 최종 목표에 이르는 방법을 끊임없이 모색해야 한다. 또 지금까지 목표를 이루는 데 1년이 걸렸다면, 그보다 훨씬 더 짧은 시간에 효과적으로 더 많은 성과를 거둘 수 있도록 조직 내 모든 시스템의 수준을 끌어올려야 한다.

06

지역사회의
버팀목

2007년, 도요타의 포효가 세계를 뒤흔들었다. 철옹성 같던 GM의 아성을 무너뜨리고, 도요타가 글로벌 자동차 시장 1위에 올라선 것이다. 세계적인 석학 토머스 프리드 먼이 세계화를 다룬 세계적인 베스트셀러 제목마저도 《렉 서스와 올리브 나무》였을 만큼, 도요타의 비상에 사람들 은 열광했고, 너도 나도 그들의 경영을 배우고 싶어 했다.

그러나 그 영광은 오래가지 못했다. 2009년 8월, 캘리 포니아 샌디에이고 부근 고속도로에서 911로 걸려온 급박한 목소리와 함께 도요타의 운명은 한순간에 바뀌었다. 도요타가 야심차게 내놓은 프리미엄 브랜드 '렉서스'를 타고 가던 일가족 4명이 사망한 것이다. 운전 중 가속페달이 매트에 걸리는 바람에 급가속 상태가 이어져 일어난 사고였다. 조사 결과, 이는 명백한 렉서스 차체의 결함이었고, 불행히도 이 결함은 다른 차에도 해당되는 것이었다. 소비자들의 반발은 거셌고, 전 세계의 미디어가 도요타의 결함을 대서특필했다.

도요타가 선택할 수 있는 방법은 전 세계적으로 제품 리콜을 시행하는 것뿐이었다. 그 결과는 가히 엄청난 것으로, 2010년 전체 리콜 차량의 수가 일본 내 판매 차량 수와 비슷해지는 상황에 이르렀다. 세계 1위라는 영광은 짧았고 추락의 끝은 보이지 않았다.

설상가상으로 미국 정부는 자국민을 사망하게 만든 도요타를 상대로 대규모 과징금을 부과했다. 도요타의 신용 등급은 추락하고, 주가도 끝없이 폭락했다. 창립 이래 최대 위기를 맞게 된 것이다. 도요타에 열광하던 사람들마저도 이제 도요타가 영원히 재기하지 못할 것이라고 인정하며, 그들의 미래를 차갑게 외면했다. 미디어는 이 모든 것이 '쇠퇴의 징후'라 보도했다.

도요타는 그대로 주저앉고 말았을까? 결론부터 말하면, 2012년 도요타는 글로벌 자동차 시장 1위 자리를 탈환했다. 끝없는 추락의 길에서 살아남은 것도 놀라운 일인데, 다시 세계 1위로 올라선 것이다. 일본의 저널리스트 고미야 가즈유키는 《도요타 경영정신》이라는 책에서 그 부활의 비밀로 다음 7가지 정신을 꼽았다.

1. 언제나 바깥으로 향한 문
2. 실패를 두려워하지 않는 도전 정신
3. 좋은 생각으로 만든 좋은 물건
4. 위기감을 토대로 한 스스로의 개혁
5. 자신의 성은 스스로 지키기
6. 기업의 책임 완수
7. 가치관 전승

그러나 나는 이 7가지의 정신이 도요타를 부활시켰다는 생각에 동의하기 어렵다. 이미 상당수의 다른 기업들도 가지고 있는 핵심가치와 크게 다르지 않아 보이기 때문이다. 오히려 이보다 훌륭한 기업 핵심가치를 찾기가 어려운 일도 아니다. 그렇다면 도요타를 위기에서 구해낸 것은 대체 무엇이었을까?

리콜 사태 초기, 도요타는 미국 내 공장에서 생산을 멈춰야만 했다. 당시 미국의회와 소비자들의 비난 여론이 좀처럼 사그라지지 않았고, 천문학적인 손해 배상금을 요구하는 집단 소송이 줄지어 기다리고 있었다. 도요타는 최대 시장 미국으로부터 퇴출 명령을 기다리는 시체와 다름없었다. 그런데 이런 최악의 상황으로 치닫는 가운데, 미국 내 지역사회로부터 새로운 움직임이 일어났다. 도요타 공장이 있는 4개 주 켄터키, 인디애나, 미시시피, 앨라배마에서 도요타에 대한 미국의회의 비난과 소송이 불공정하다는 항의서신을 보내기 시작한 것이다. 특히, 도요타의 주력 차종인 캠리를 생산하고 있던 켄터키 주 조지타운은 도요타에 대한 무한 신뢰를 보냈다. 당시 켄터키 주 시장 카렌 팅글 세임스는 "우리 지역은 도요타를 믿는다. 도요타는 다시 정상에 설 것이다."라고 두둔했고, 또한 지역 주민들 대다수도 "우리가 바로 도요타이다."라며 도요타의 위기 극복을 위해 자발적 참여를 아끼지 않았다.

이들에게 도요타는 무엇이었을까? 그들에게 도요타는 단순히 일본의 자동차 브랜드가 아닌 '우리 지역을 책임지는 회사'였다. 물론, 켄터키 주는 도요타에 대한 경제적 의존도가 높은 지역사회이긴 했다. 그러나 경제적 의존도만으로 지역사회의 우호적인 여론이 형성될 수 있었을까 생각해보면 꼭 그렇지만도 않다.

글로벌 전자업체 샤프는 그 반대의 경우였다. 샤프가 몰락의 길로 들어서며, 제조 공장이 있는 가메야마 시의 지역 경제가 휘청거렸다. 시가지 상점의 상당수가 셔터를 내리고 영업을 중단해, '셔터길'이라는 이름까지 생겨났을 정도였다. 주민의 대다수는 자신들의 생계에 대해서는 깊게 우려했지만, 샤프의 몰락에는 별다른 관심이 없었다. "일자리는 잃었지만 샤프에 별다른 애정은 없다."는 냉담한 반응 일색이었다.

샤프는 분명히 가메야마 시의 지역 경제에 일조했지만, 회사의 이익에 기여하는 만큼만 이익을 나눴고, 지역사회를 위해 아무것도 기여하지 않았다. 한마디로 지역사회와 진심으로 소통하기를 꺼려했고, 이러한 소통의 부재는 회사와 지역 주민들 간의 꽤 깊은 골을 만들었다. 지역 사회는 기업만 성장하고 그에 대한 이익을 지역사회와 함께 공유하지 않는다고 불신했던 것이다.

이 두 지역사회의 반응이 극명하게 차이 난 이유는 '지역에 대한 책임감'에 있다고 생각한다. 도요타는 샤프와 달리, "지역사회와 함께한다."는 현지화 전략에 주력했다. 도요타의 CEO 도요타 아키오는 "도요타가 많은 이익을 내는 것보다 고객과 종업원, 하청업체, 지역사회가 함께 성장하는 게 중요하다."고 입버릇처럼 말했다. 또한 "도시는 기업의 수혜자다. 하지만 기업 역시 지속 가능하기 위해서는 지역사회 구성원들의 개입을 시스템적으로 보장하는 노력을 해야 한다. 기업의 사회적 책임, 부정적 측면에 대한 지역사회의 감시는 기업의 자기 혁신에도 기여한다."라고 강조했다. 바로 이 지역사회에 대한 책임감이 절체절명의 위기에서 살아 돌아올 수 있었던 도요타만의 결정적인 힘이었던 것이다.

지역사회와 함께 가고자 했던 도요타 그리고 궁지에 몰린 도요타를 살려낸 지역사회. 이 둘의 상생관계는 협동조합의 7번째 원칙인 '지역사회 기여'를 떠올리게 한다.

이 원칙은 국제협동조합연맹ICA으로부터 1995년에 새로 추가되었다. 협동조합은 조합원의 이익을 추구하는 조직체이자, 지역사회의 생산자와 소비자에 의해 존재하는 조직체이기도 하다. 협동조합은 지역사회의 발전과 향상을 외면할 수 없고, 해서도 안 된다. 지역사회의 경제가 악화되거나 타격을 받게 되면, 지역주민들의 삶 역시 악화될 것이고 협동조합 또한 존속할 수 없다.

협동조합원들이 자신들의 이익만 추구하는 '좁은 협동'을 뛰어넘을 때, 당장 눈앞의 이익보다 생산자, 소비자와의 우호적인 지속 가능한 관계를 맺을 때, 지역사회와 그 구성원 모두 건강하게 존재하며 발전할 수 있다.

협동조합은 지역사회의 경제·문화적 발전에 특별한 책임감을 가져야 한다. 그 책임은 일반 영리기업과 구별되는 특권이자 축복이다. 협동조합은 조합원이 참여하는 '사업체'임과 동시에, 더 나은 삶과 지역사회를 실현해나가는 '운동체'로서 근본을 잊지 말아야 한다. 물고기가 물을 떠나 살 수 없듯 지역에 뿌리내리지 못한 협동조합은 협동조합이라고 할 수 없다.

우리가 도요타와 같은 절체절명의 위기에 빠진다면, 지역사회와 국민들이 우리의 손을 잡아줄 수 있을지 우리 스스로 곱씹어봐야 한다. 지역사회의 '아낌없이 주는 나무'로서, 든든한 친구이자 버팀목으로서 존재하고 있는지 말이다. 지역에 뿌리내리지 못한 협동조합은 협동조합이 아니다. 결국 답은, 지역사회를 향한, 국민들을 향한, 우리의 진정성 있는 책임감과 행동에 달려 있다.

07

컬러베스 효과와
농가소득

'오늘 하루 동안 빨간색을 몇 번이나 보는지 세어보자!' 이른 아침에 이런 결심을 했다고 하자. 아마도 어제는 보이지 않던 빨간색이 여기 저기 정말 많이 보일 것이다. 이런 현상을 '컬러베스 효과Color Bath Effect'라고 한다. 직역하면 색으로 목욕을 한다는 뜻인데, 한 가지 색에 집중하면 유독 해당 색을 가진 사물들이 눈에 잘 들어오는 현상이다.

컬러베스 효과는 단지 색에만 국한되는 것이 아니다.

로 높일 수 있는 방법이 없는지를 늘 생각하는 것이다. 생각하지 않으면 해답이 나오지 않는다. 또한 방관하면 지금보다 나아지지 않는다. 생각에 집중할 때, 다양한 방법도 나오고 현실을 개선할 수 있다.

08

피자 2판의
법칙

얼마 전 미국 〈타임〉지와 영국 〈미러〉지에서 유튜브 영상으로 화제가 된 한국 아이돌 가수를 소개했다. 한창 비가 내리고 있는 미끄러운 무대에 올라 무려 8번이나 넘어지면서도 꿋꿋이 공연을 마친 '여자친구'라는 걸그룹이었다. 그렇게 수차례 넘어지면서 오뚝이처럼 일어났다는 사실도 놀라웠지만, 어린 친구들이 대형을 유지하려고 최선을 다하는 모습이 감동적이었다. 행여, 자신이 넘어짐으로 인해 공연을 관람하는 이들에게 큰 실망을 줄까 우려하는 마음이 행동 속에 고스란히 담겨 있었다. 미끄러운 공연 무대 위에서, 심지어 모니터에 잡히지 않는 멤버까지도 최선을 다하는 모습들을 보며, 마냥 어리게만 봤던 걸그룹에 대한 선입견은 사라지고 오히려 배울 점이 많다는 생각이 들었다.

우리는 보통 혼자가 아니라 여럿이 함께하면 더 빨리, 좋은 결과를 낼 수 있다고 생각하지만, 실제로는 그렇지 않은 경우가 많다. 집단에 참여하는 사람의 수가 늘어날수록 개인의 생산성이 떨어지는 현상을 '링겔만 효과Ringelmann effect'라고 한다. 긍정적 시너지가 발생하면 '1+1=2'보다 큰 3 또는 4가 되어야 하는데, 2보다 작아지는 현상이다. 막시밀리앙 링겔만 교수는 링겔만 효과를 설명하기 위해 줄다리기 실험을 보여주었다. 개인이 가진 힘을 100으로 봤을 때 2명이 줄을 당기면 한 사람당 93만큼의 힘을 썼고, 3명이 줄을 당기면 약 85 그리고 8명이 줄을 당기면 겨우 64 정도의 힘밖에 쓰지 않는다는 것이 밝혀졌다. 8명이 8명분의 노력을 하는 게 아니라 5명분의 힘만 쓴 셈이다. 따라서 인원이 많아질수록 개인의 노력도는 오히려 감소한다는 결과를 알려준다.

링겔만 효과는 사람에게만 적용되는 것이 아니다. 그토

록 부지런한 개미도 '30퍼센트는 논다.'는 현상이 발견되었다. 어느 개미 군락을 관찰하더라도 개미의 30퍼센트는 일하지 않고 놀았다. 그 노는 개미들을 제거하면 그때까지 열심히 일하던 개미의 30퍼센트가 또 일하지 않고 노는 개미가 된다는 사실을 일본의 하세가와 교수팀이 밝혀냈다. 이처럼 집단에서의 무임승차는 마치 불가피한 것처럼 보인다.

하지만 이런 링겔만 효과를 극복하려는 시도는 다양한 곳에서 발견된다. 아마존에서는 조직 규모를 책정할 때, '피자 2판의 규칙'을 활용하고 있다. 이것은 팀의 규모가 피자 2판을 먹을 수 있는 6명에서 10명이 최적이라고 여기기 때문이다. 그 정도의 인원이어야 소통이 활발해지고 빠른 의사결정이 가능해진다. 팀원 수가 이것보다 많아지면 자칫 관료화될 수 있기 때문에 제한하고 있다.

영국의 역사학자 노스코트 파킨슨은 조사를 통해서 구성원 수가 20명이 넘어가면 영국 내각에서 비효율성이 나타난다고 발표했다. 그리고 위원회는 5명으로 구성될 때 가장 이상적이라고 주장했다. 20명이 넘으면 위원회 안에 이너서클이 구성되고 나머지 사람들은 들러리로 전락하는 등 위원회가 효과적으로 운영되지 않는다고 했다. 대학생들이 조별과제를 할 때, 참여도가 낮은 팀원을 방지하기 위해 자신을 뺀 나머지 팀원들의 공헌도를 점수로 매기는 것도 링겔만 효과를 줄이기 위한 방법 중 하나이다.

많은 기업들은 링겔만 효과를 줄이기 위해, 업무분담을 정확히 하여 담당자의 책임감을 높여주고 있다. 역할과 책임이 명확해지면 각자 맡은 임무를 다할 수밖에는 없다. 하지만 이렇게 되면 주어진 일만 처리하는 부작용도 생겨나기 마련이다. 따라서 그 어떤 물리적인 방법보다 주인의식을 심어주는 것이 가장 중요하다.

링겔만 효과를 낳는 책임감 분산현상은 '사회적 태만so-cial loafing'이다. 사회적 태만은 책임의 문제다. 만일 집단 속에서 각 개인의 기여도나 책임을 명확히 할 수 있다면, 태만은 사라질 수 있다. 하지만 태만은 어느 조직에나 존재하기 마련이고, 이는 사람을 관리하는 데 있어 거의 대부분의 조직이 보유하고 있는 명백한 약점이다.

일부 사람들이 협동조합을 공격하기에 좋았던 구실도 바로 조합원의 태만에 대한 부분이다. 개인적으로 이 부분은 우리가 깊고 진지하게 고민해봐야 할 대목이라고 여긴다. 협동조합은 자본이 아닌 협동을 기본 전제로 한 인적 결합의 조직체이다. 따라서 무임승차가 일상화된 협동조합은 위기에 봉착할 수밖에 없다.

　참여의식, 주인의식, 간절한 책임감에 관한 전체적인 공감대가 더욱 절실한 시점이다. 그리고 그 공감대를 위한 끊임없는 소통과 토론은 물론 많은 교육적 노력도 필요하다. 주인의식을 갖고 상성적인 시너지를 발휘하는 식원이 많은 기업은 분명 '합'이 아닌 '승'의 효과를 거둘 수 있다. 그래서 나그네가 아닌 진정한 주인이 되어야 하는 것이다.

09
뫼비우스 띠와
생각혁명

추수 풍경이 많이 달라졌다. 예전에는 나락을 일일이 베고 낟알을 털어낸 후 포대에 담던 것을 요즘은 콤바인을 이용해서 한 번에 끝낸다. 또 지금은 포대에 담긴 나락을 미곡처리장에 맡기면 자동 건조를 통해 바로 쌀을 얻을 수 있지만, 과거에는 오랫동안 햇볕에 말리고 나서 마을 정미소에 가 줄 서서 작업해야 했다.

정미소에 걸린 피댓줄은 2개의 기계 바퀴에 벨트를 걸어 한 축의 동력을 다른 축으로 전달하는 띠 모양의 물건이다. 그러다 문득 피댓줄은 왜 꽈배기처럼 꼬여 있을까 하는 생각이 들었다. 나중에 안 사실이지만 피댓줄을 꼬아놓으면 안쪽과 바깥쪽 모든 면이 골고루 기계에 닿게 되어 벨트의 수명이 훨씬 더 길어지기 때문이다.

피댓줄, 그것은 어쩌면 '뫼비우스의 띠'다. 독일의 수학자 뫼비우스는 "모든 물체는 안이 있으면 반드시 밖이 존재한다."는 오랜 생각을 깼다. 그것은 곧 생각의 혁명이었다. 뫼비우스는 평면인 종이를 길쭉한 직사각형으로 오린 뒤, 한 번 꼬아 양끝을 붙여 띠를 만들었다. 이 띠는 분명한 면인 물체였다. 연결이라는 띠의 본질을 잃지 않으면서, 면이 2개여야 한다는 고정관념을 깬 것이다.

선인장은 물 없는 사막에서 오랜 시간 진화를 통해 살아남았다. 선인장은 잎을 좁고 가느다란 가시로 진화시킴으로써 잎에서 증발되는 물을 막아 종을 지켜냈다. 가시는 비가 내렸을 때 흡수한 물을 오랫동안 저장할 수 있게 하는 것은 물론, 사막에 사는 동물들로부터 선인장을 지키는 역할도 해냈다. 척박한 환경에 대응해 변하지 못했다면 선인장은 사막에서 살아남을 수 없었을 것이다. 본질은 지키면서 처해진 환경에 맞게 변화하는 것. 선인장은 존재의 지속가능성을 위해 혁신한 셈이다. 어쩌면 본질을 읽지 않기 위해서라도 반드시 해내야 하는 것이 변화와 혁신일지도 모르겠다.

오늘날 농산물 유통시장도 혹독한 사막처럼 어려운 환경에 놓여 있다. 대형 유통회사와 식품회사 중심의 독점에 거대 글로벌 유통업체의 가세까지, 유통질서는 거대 자본을 앞세운 기업들의 도가집 형태로 심화되고 있다. 특히 구매자의 힘을 내세운 대형마트들이 산지 직거래를 통한 줄 세우기를 확대하고 있는 추세이다. 상품의 생산부터 판매까지의 전체 과정에 관련된 기업을 '하청 계열사'로 두는 것이다.

이에 반해 농협은 전통적으로 도매시장 중심의 시장 체제에서 흩어진 조합원의 힘을 모아내는 규모화 전략을 추구해왔다. 규모화는 평균비용의 절감을 통해 원가경영을 실현하는 데 효과적인 전략이다. 원가경영은 평균비용을 기준으로 서비스 가격을 낮게 설정하여 초과이윤이 발생하지 않도록 하는 사업전략이다. 공급자와 소비자 모두가 만족하는 경제 생태계를 만들려는 노력이다. 개별 조합원들을 모아 사업물량을 키움으로써 대형 기업에 대응할 수 있도록 하는 것이 바로 협동조합의 생존 원리이기 때문이다.

한편, 규모화 전략과 더불어 품질 차별화 전략도 함께 이루어지는데 간혹 이 지점에서 갈등이 발생하기도 한다. 조합원들이 출하하는 물량과 품질을 지나치게 엄격하게 통제하게 되면서 생기는 갈등이다. 원칙을 이해하고, 규정을 지키는 조합원을 우대하고 무임승차 조합원을 제재하는 것이 당연하긴만, 이러한 체제를 위해 전체 조합원들의 합의를 도출해내는 것은 감성적이든 이성적이든 현실적으로 매우 어렵다. 행여 비용과 수익의 배분에 불만을 품은 대규모 전업농가 등이 협동조합을 이탈하게 되면, 전체적인 사업물량의 감소로 이어지고 결국 원가경영이 어렵게 된다.

네덜란드의 그리너리Greenery는 이러한 모순을 극복하고 성공한 협동조합이다. 농산물 수입과 대형마트의 시장 지배력 확대로 경영위기에 직면한 네덜란드의 9개 원예농협은 1996년 합병을 결의했고, 네덜란드 원예협동조합VTN

을 탄생시켰다. VTN은 기존의 협동조합이 보유하고 있던 경매장 시설을 매각하고 지분 100퍼센트를 보유한 도매유통자회사, 그리너리를 설립하는 뼈를 깎는 구조개혁을 단행했다. 자체적인 도매유통회사를 통해 규모화를 이루어 냄으로써 유통 공룡에 맞서 거래교섭력을 강화하겠다는 전략이었다.

조합원들은 그리너리에 생산 예정량을 주간, 월간, 연간 단위로 통보하고, 그리너리는 이 정보를 토대로 고객의 주문정보부터 시장 전체의 동향을 분석해 제공함으로써 조합원들이 작물 품질 관리에만 매진할 수 있도록 했다. 소비자들은 점차 그리너리를 믿고 살 수 있는 신뢰도 높은 브랜드로 인식했다. 당연히 재구매율이 높아지는 브랜드 충성도가 상승했고, 소비자를 끌어 모으는 선순환 유통시스템으로 발전할 수 있었다.

그리너리가 성공할 수 있었던 핵심 요인은 새로운 경영 모델을 고안해낸 것이었다. 전통적인 협동조합의 평등원칙을 비례원칙으로 전환하여 사업전략과 합치시켰다. 즉, 전통적인 1인 1표 평등주의를 일부 포기하고, 조합원의 기여에 비례한 보상제를 도입한 것이다. 조합원 전체의 권익을 제한하지는 않되, 최선을 다하는 조합원에 대해 인센티브를 부여함으로써 조합 전체에 활력을 심어주었다. 그리너리의 이와 같은 혁신은 협동조합의 본질을 훼손한 것이 아니라, 변화된 시장 환경에 대응하기 위한 구조개혁이었다.

우리는 과거 네덜란드가 맞닥뜨렸던 것보다 더 큰 어려운 유통환경에 직면해 있다. 기술력 있고 규모화가 가능한 농가의 농산물이 내셔널 유통업체의 아침업세 심모로 기급되기도 한다. 소규모 생산 농업인들은 그들의 자본력과 구매력에 맞설 수 있는 힘이 미약하고, 협동조합을 향한 농업인들의 기대와 원망은 커져가고 있다.

이러한 환경에서 전체 조합원들이 기대하는 것은 지극히 단순하다. "열심히 일해서 좋은 농산물을 생산할 테니 농산물을 파는 데 걱정하지 않도록 해달라."는 것이다. 협동조합의 경영전략은 공동행동을 고도화함으로써, 유통공룡을 넘어서 소비자의 마음을 얻는 데 맞추어져야 한다. 그리너리의 사례에서처럼, 공동행동을 강화하기 위한 장치였던 평등주의가 시장 환경의 변화로 인해 오히려 협동조합의 공동행동을 약화시키는 장애물로 변했다면, 장애를 극복하기 위한 과감한 변화를 시도할 필요가 있다. 선인장의 잎이 가시로 변한 것처럼, 협동조합의 변화는 퇴보나 변질이 아닌 더 멀리 뛰기 위한 '진화'로 이어져야 하지 않을까.

10

석공과
돌의 결

"나라가 보존되느냐 망하느냐는 사람들의 마음이 떠나는지 모이는지에 달렸다. 사람들의 마음이 떠나는지 모이는지는 그 사람들이 좋아하고 싫어하는 것을 윗사람이 함께하는지에 달렸다."

조선 후기 대사헌, 이조참판을 두루 역임한 정범조의 《해좌집海左集》에 실린 내용이다. 당시 왕은 나라의 주인이었음에도, "천하를 얻으려면 민심을 얻어야 한다."는 맹자의 가르침을 받들어 항상 민심을 헤아리기 위해 노력했다. 민심이 얼마나 무서운 것인지 이미 역사를 통해 배웠기 때문이다. 국가는 국민을 위해 존재하기 때문에 국민이 원하는 정책으로 국가를 운영해야 한다. 아무리 좋은 정책과 제도가 있다 하더라도 국민이 반대하고 원하지 않는다면 이룰 수 없다. 결국, 국민의 마음을 얻어야 하는 일이다.

충북 영동의 한 시골교회 목사님의 사연은 '어떻게 사람의 마음을 얻는가'를 보여준다. 어르신들이 많이 사는 시골에서 목회 활동을 한다는 것은 결코 쉬운 일이 아니다. 그런데도 그는 어르신들에게 교회에 나와달라는 말은 일체 하지 않는다. 오히려 어르신들에게 "필요할 때 나를 꼭 불러달라."고 부탁하고 다닌다.

이럴 때는 전화하세요!
1. 보일러가 고장 나면 전화합니다.
2. 텔레비전이 안 나오면 전화합니다.
3. 냉장고, 전기가 고장 나면 전화합니다.
4. 휴대폰이나 집 전화가 안되면 전화합니다.
5. 무거운 것을 들거나 힘쓸 일이 있으면 전화합니다.

6. 농번기에 일손을 못 구할 때 전화합니다.

7. 마음이 슬프거나 괴로울 때 도움을 청합니다.

8. 몸이 아프면 이것저것 생각 말고 바로 전화합니다.

9. 갑자기 병원에 갈 일이 생겼을 때 전화합니다.

10. 경로당에서 고스톱 칠 때 짝 안 맞으면 전화합니다.

어르신의 삶 속에 녹아 들어가 당신들의 마음부터 이해하려는 아름다운 배려가 담겨 있다. 이 시골마을 사람들은 목사님과 함께 생활하며 자연스럽게 그가 믿는 종교를 받아들일 수 있을 것이다. 소비자의 마음을 얻는 방법도, 고객의 마음을 얻는 방법도 이와 같다. 제아무리 우리 매장을 이용해달라고 부탁하고 강요한들 절대로 그들의 마음을 얻을 수 없다. 그들의 삶 속으로 뛰어들어 무엇이 절실히 필요한지, 무슨 고민이 있는지를 느끼며 소통해나갈 때 비로소 그들의 마음을 얻을 수 있다.

바위를 깰 때 망치를 먼저 드는 사람은 분명 아마추어다. 진정한 고수는 바위의 결을 먼저 살핀다. 결은 바위 조직의 단단하고 무른 것들이 모여 일정한 층을 이루고 있는 부분이다. 그 결을 찾아 망치를 내리칠 때 바위는 단

번에 쪼개지게 된다. 협동조합은 경영체이면서 동시에 운동체이다. 하지만 언제부턴가 운동체의 성격은 사라지고, 경영체로서의 목표만 남아 조합원으로부터 외면 받고, 외부로부터도 수많은 질타를 받아왔다. 협동조합의 목적과 이념을 등한시해온 것이 주된 원인이었다.

결을 보려 하지 않고 서투른 망치질로 돌을 깨려는 것이 아니었는지 스스로 질문해야 한다. 우리 본연의 결을 생각하지 않고, 외부에서 느끼고 재갈하는 실태를 제대로 인식하지 못한다면, 망치가 부러지는 사단이 날 수도 있는 것이다. "기업은 경쟁에 밀려서가 아니라 존재가치를 상실했을 때 쇠퇴한다."는 말이 있다. 우리 협동조합 스스로 새기고 또 새겨야 할 말이 아닌가 싶다.

선인장은 잎을 좁고 가느다란 가시로 진화시킴으로써 잎에서 증발되는 물을 막아 종을 지켜냈다. 가시는 비가 내렸을 때 흡수한 물을 오랫동안 저장할 수 있게 하는 것은 물론, 사막에 사는 동물들로부터 선인장을 지키는 역할도 해냈다. 척박한 환경에 대응해 변하지 못했다면 선인장은 사막에서 살아남을 수 없었을 것이다. 본질은 지키면서 처해진 환경에 맞게 변화하는 것. 선인장은 존재의 지속가능성을 위해 혁신한 셈이다.

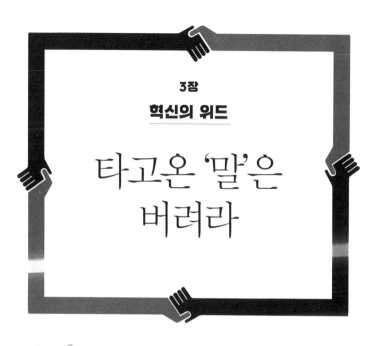

3장
혁신의 위드

타고온 '말'은 버려라

With Innovation

상상 그 이상의 생각,
문샷싱킹

화성에 새로운 문명을 창조하겠다고 호언장담하는 사람이 있다. 바로 테슬라모터스, 스페이스엑스의 CEO이자, 솔라시티의 회장 엘론 머스크이다. 그가 언론을 통해 '화성 식민지 계획'을 발표했을 때, 많은 사람들이 허무맹랑하다고 여겼다. 그런데 실제로 그가 펼치고 있는 사업들은 그 영역이 서로 다르고 규모 또한 막대하다. 전기자동차를 생산하는 테슬라모터스, 이메일로 개인 간 전 세계적 금융거래를 가능하게 한 페이팔, 나아가 우주로켓 분야에 벤처 시스템을 도입한 스페이스엑스까지… 한 기업에서 수행하는 사업이라고 믿기 힘들 정도이다.

엘론 머스크는 민간기업도 장기적인 대형 투자가 아닌 단기적인 기술 개발과 벤처 육성 시스템으로 우주 개발 사업에 충분히 뛰어들 수 있다고 판단했다. 그리고 기존 로켓 개발비의 10분의 1 비용으로 팰컨 로켓을 개발하며 그의 능력을 입증해냈다. 또 이어 항공기 개발사 스페이스엑스를 만들면서 2025년까지 화성에 유인우주선을 보내겠다고 공식 선언했다. 그는 모든 사업을 추진함에 있어 지구에서의 활용가치보다 화성에서의 활용가치를 상상하며 준비하고 있다. 지구인들을 화성으로 이주시킬 우주선 개발부터 화성에서의 생활을 가능하게 할 태양열 사업 그리고 각종 가전사업과 전기 자동차 개발에 이르기까지… 지구인이 화성에 거주한다는 사실을 전제로 계획하여 만들어가고 있다.

단순히 망원경으로 달을 바라보는 것이 아니라 달에 우주선을 쏘는 방법을 상상하듯, 한계를 월등히 뛰어넘는 발상을 가르쳐 '문샷싱킹Moonshot thinking'이라고 한다. 쉽게 말해, 반에서 50등 하는 학생이 49등을 목표로 하는 것이 아니라, 아예 1등을 목표로 도전하는 것과 같다. 문샷 싱킹을 아이디어의 출발점으로 삼는 대표적인 기업이 바로 구글이다. 구글은 최근 운전자 없이 자동차가 움직이는 자율주행 자동차, 안경을 통해 증강현실을 보여주는 구글 글라스와 같은 제품 개발에 막대한 투자를 하고 있다. 또한 인공지능을 이용해 사진을 자동으로 분류하는 구글 포토, 눈물을 모아 자동으로 혈당을 체크할 수 있는 콘택트렌즈 등 일상생활에서 활용가치가 높은 제품들을 구글만의 뛰어난 상상력으로 구현해내고 있다.

히브리대학교의 유발 하라리 교수는 자신의 저서 《사피엔스》에서 현생 인류가 다른 종을 누르고 세상을 지배하게 된 것은 상상의 질서를 구축했기 때문이라고 말한다. 상상을 통해 구축된 질서는 돈, 국가, 종교 등 다양하다. 돈을 소유하면 행복해질 수 있고, 국가나 종교와 같은 제도를 만들면 안정과 평화를 누릴 수 있다는 믿음을 상상했기 때문에 집단 협력에 나설 수 있었던 것이다. 사람들이 특정 질서를 신뢰하는 것은 그것이 객관적으로 '진리'이기 때문이 아니라, 그것을 믿음으로써 더 효과적으로 협력하고 더 나은 사회를 만들 수 있다고 여기기 때문이다.

문샷싱킹은 '현대판 상상의 질서'이다. 인류를 행복하게 하기 위한 모든 활동에 상상의 질서가 작용한다. 대담한 상상을 현실로 만들어가고 있는 기업들은 몇 가지 공통점이 있다. 우선 그들은 도전적이며 대담한 사고방식을 가지고 있다. 문제에 접근하고 해결하는 과정에서 기존의 방법에 얽매이지 않고, 점진적인 개선보다는 과감한 목표를 택한다. 문제를 공개하고 다양한 구성원들과 협업을 통해 문제해결을 시도한다.

또한 이들은 강력한 실행력을 가지고 있다. 새로운 아이디어를 즉각 실행에 옮기는 데 주저하지 않는다. 설령 터무니없는 아이디어라고 해도 긍정적인 가능성에 더 큰 무게를 두고 일단 실행해본다. 이렇게 아이디어를 구현하다 보면 빨리 검증할 수 있고, 그로써 더 나은 방향으로 생각을 발전시킬 수 있기 때문이다.

끝으로 실패를 두려워하지 않는 분위기를 만들어낸다. 이러한 기업들이 강조하는 신념은 "우리는 실패하기 위해 도전한다."이다. 실패할 것을 뻔히 알면서도 기업의 구성원들에게 과감히 도전할 것을 주문한다.

엘론 머스크의 책상에는 화성 사진 2장이 걸려 있다. 한장은 지금 보이는 메마르고 붉은 화성의 모습이고, 다른 하나는 바다와 강물로 '지구화'된 푸른 화성의 모습이다.

"어떤 문제를 풀기 시작할 때부터 가능하리라 생각하진 않는다. 문제를 풀다 보면 길이 열린다. 가능성은 만들어지는 것이다."

멀리 보면 길을 잃지 않는다. 크게 보면 목표를 잃지 않는다. 먼 길을 향해 일단 발부터 내딛어야 한다. 무엇을 하든 그 가능성은 51대 49인 셈이다. 결과를 두려워하지 말고 실패를 상상하지 말아야 한다.

문샷 싱킹은 '현대판 상상의 질서'이다. 인류를 행복하게 하기 위한 모든 활동에 상상의 질서가 작용한다. 대담한 상상을 현실로 만들어가고 있는 기업들은 몇 가지 공통점이 있다. 우선 그들은 도전적이며 대담한 사고방식을 가지고 있다. 문제에 접근하고 해결하는 과정에서 기존의 방법에 얽매이지 않고, 점진적인 개선보다는 과감한 목표를 택한다. 문제를 공개하고 다양한 구성원들과 협업을 통해 문제해결을 시도한다.

02

핵심역량과
크로스오버

한국전쟁을 배경으로 한 영화 '웰컴투 동막골'은 남한군과 북한군이 작은 마을에 함께 머물면서 서로를 이해해가는 감동적인 영화다. 이 영화에 출연했던 임하룡은 본래 직업이 개그맨이었지만 이 영화 출연 이후로도 쭉 배우로의 활동을 이어왔고, 최근에는 영화배우로만 활동하고 있다.

이처럼 자신을 한 분야에 한정 짓지 않고 새로운 분야에 뛰어들어 기존의 것을 융합함으로써, 오히려 해당 분야에 줄곧 종사했던 사람들보다 더 두각을 나타내는 경우

가 있다. 크로스오버Crossover라고 하는 영역 간 교차 현상
이다.

크로스오버는 기업에서도 흔히 나타나고 있는 현상이
다. 특정 산업에 국한되었던 기업의 형태가 변화하고 있
는 것이다. 그동안 은행업은 금융기업들이 운영하는 것이
일반적이었는데, 금융기업의 서비스를 지원하는 데에 머
물렀던 IT플랫폼 전문 기업들이 이제 은행업 전면으로 나
서고 있다. 글로벌 컨설팅업체 맥킨지는 이미 2014년에
〈글로벌 뱅킹 연차 보고서〉에서 "핀테크로 무장한 비금융회
사의 전방위적인 은행업 진출로 은행이 중대한 위협에 직면
하게 되고, 은행의 소매금융 수익이 분야별로 20~60퍼센트
감소할 것."이라고 전망한 바 있다.

우리나라에서도 2017년 4월에 출범한 K뱅크와 같은 해
7월 출범한 카카오뱅크의 확산이 빠르게 진행되고 있다.
많은 전문가들은 앞으로 고객에게 보다 편리한 서비스와
이익을 제공하는 기업들이 시장을 주도할 것이라고 말한
다. 과거 어떤 기업이 해당 산업을 주도했었는가는 소비
자에게 중요하지 않다는 뜻이다. 일정 기간 안정성이 검

증되면 자신들에게 이익이 되는 방향으로 소비자들은 썰물과 같이 빠져나가 이동해 버릴 것이다.

전자상거래의 공룡 아마존이 모든 기업과 산업을 삼키고 있는 것을 '아마존 효과'라고 한다. 아마존은 오프라인 서점 문을 줄줄이 닫게 만들며 소매업에 지각변동을 일으키더니, 2017년 6월에는 미국의 최대 유기농 전문 슈퍼마켓 체인인 홀푸드마켓을 약 15조 원에 사들인다고 발표했다. 업계에서는 아마존이 홀푸드마켓의 오프라인 점포를 활용해 기존 온라인 중심 비즈니스와 연계한 강력한 시너지 효과를 내려는 의도일 것이라고 전망했다.

또 부유한 지역의 홀푸드 점포를 거점으로 신선식품 배달사업도 본격화할 것이라고 예측했다. 아마존 효과가 강력한 파괴력을 지닌 것은 단순히 온오프라인의 융합뿐 아니라, 산업 간 울타리를 뛰어넘는 융합이라는 점이다. 영역을 파괴하며 전혀 다른 시각으로 접근하는 강력한 경쟁 상대를 그 영역에 있었던 기존 기업들이 과연 감당할 수 있을까.

이런 현상은 전 산업계의 새로운 패러다임이 되고 있

다. 그동안 전문 기술력과 네트워크를 가지고 핵심역량 중심으로 메인산업을 지원하는 데에 그쳤던 기업들의 반란이 일어나고 있는 것이다. 소위 '언포멀unformal의 역습'이다. 이들은 그동안 시장을 주도해왔던 메인기업들의 핵심 경쟁력을 파악하고 있고, 오히려 현장과 가까이 위치하기 때문에 해당 산업과 고객들이 불편하게 여겼던 다양한 문제점들을 누구보다 정확히 인지하고 있다. 이들의 출현에 고객들은 환호하고 있다. 이는 기존 제도권의 문제점들을 해소해주는 동시에 고객들에게도 직접적인 보탬이 되기 때문이다.

우리나라의 경우 IT 및 전자상거래 업체들이 많은 고객의 데이터를 확보하고 있고, 활발한 소통이 이루어질 수 있는 플랫폼을 갖춘 기업들이 많다. 언포멀의 역습이 일어날 수 있는 가능성이 매우 높은 환경인 셈이다. 앞서 언급한 카카오뱅크를 비롯해 11번가, 쿠팡, 위메프 등 모바일쇼핑 유통기업과 기존 오프라인 방문 판매망을 이용하여 신선한 아침 간편식 배달에 나선 야쿠르트 등 업종 및 산업의 구분 없이 언포멀의 역습은 이미 전방위적으로 시작되었다.

혁신의 위드
With Innovation

이제 기존의 영역만을 고수해서는 경쟁에서 살아남기 힘들다. 각기 다른 사업 영역에 내 것을 담을 수 있는 것이 무엇인지, 어떻게 담아낼 것인지 고민해야 한다. 온오프라인의 융합과 산업 간 울타리를 뛰어넘을 수 있는 새로운 영역을 개척해나가야 한다. 이미 확보되어 있는 방대한 데이터들을 적극 활용하여 고객 개개인에게 맞춤형 서비스를 제공하는 핵심자원으로 만든다면 새로운 가치 창출도 가능할 것이다.

기업도 변화의 시민 기업이 속한 산업도 각각의 영역에서 진화하고 있다. 타 업종과 때로는 IT와 융합하면서 진화하고 있다. 협동조합도 기본적 가치 위에 새로운 비즈니스 모델이 개발되고 융합함으로써 크로스오버를 모색할 때다. 환경이 변화함에 따라 협동조합의 원칙도 변하고 있다. 협동조합도 변해야 한다.

03

"돌 위에서도
3년"

2010년, 사상 유래 없는 배춧값 폭등 사태가 있었다.
배춧값이 얼마나 올라갔으면 '금金 배추'라고 불렸을까 싶
다. 할인된 가격으로 배추를 판매하는 대형마트 앞에는
새벽부터 줄 서서 기다리는 사람들로 진풍경이 벌어지고,
양배추로 김치를 담가 먹기도 했다. "배춧잎(만 원짜리) 한
장으로 배추 한 포기도 못산다."며 씁쓸한 농담을 주고받
기도 했다.

2016년 겨울에는 역대 최악의 고병원성 조류 인플루엔

자AI가 발생했다. 계란을 낳는 산란계 약 2,300만 마리가 살처분되었고, 이는 곧 '계란 품귀현상'으로 이어졌다. 급기야 계란 가격이 평소의 2배 이상 급등했다. 국내 하루 평균 계란 소비량은 약 4,000만 개 정도이다. 수요보다 공급이 부족한 것이 원인이기도 했지만, 기존의 복잡한 유통구조와 이익을 취하는 중간 도매상들의 사재기 행태에서 문제가 더욱 커진 것이었다. 정부에서는 계란 수입을 통해 가격을 안정시키려 했지만, 이러한 조치는 오히려 계란 가격은 더 크게 요동치게 했다. 실제로 정부에서 나서 물량을 애써 조달하는 모습이, 시장과 소비자들로부터 물량 부족을 확신하게 했고 그들의 불안한 심리를 자극했던 것이다.

농산물 수급에 따른 시장의 가격 반응은 예측하기 매우 어렵다. 17세기 네덜란드에서는 터키산 튤립이 큰 인기를 끌자 튤립 사재기 열풍이 불었다. 꽃은 아직 피지도 않았는데 미래 어느 시점을 정해 특정한 가격으로 매매한다는 선물거래까지 등장하기도 했다. 급기야 튤립은 집 한 채 값으로 팔리기도 했다.

그러다 갑자기 가격이 폭락했다. 구매자가 나타나지 않

으니 가격이 떨어진 것이다. 네덜란드 여기저기에서 채권자와 채무자 간에 벌어지는 싸움으로 도시 곳곳이 혼란에 빠졌다. 결국 정부가 나서서 튤립 거래를 보류시키며 혼란이 마무리 되었다. 이 사태가 바로 그 유명한 '튤립 파동Tulip Bubble'이다.

이처럼 농산물 가격의 폭락과 폭등이 교차되는 데는 이유가 있다. 일단, 매년 농산물 생산량이 다르기 때문이다. 당연한 얘기지만 농산물의 생산량이 증가하면 가격은 하락하고, 생산량이 줄어들면 가격은 상승한다. 이처럼 생산량을 통제할 수 없기 때문에, 가격과 생산량의 예측은 농업인들이 오랜 경험을 통해 얻은 직관으로 이루어진다.

또한 농산물은 공산품에 비해 가격이 불안정할 수밖에 없다. 농산물은 공산품처럼 즉시 만들어낼 수 없기 때문이다. 대체품도 없기 때문에, 공급이 조금만 변해도 가격은 크게 요동친다.

마지막으로 농산물 수급과 적정가격을 지지하는 제도가 제대로 작동되고 있지 않기 때문이다. 농산물 생산은 자연조건과 기후 변화, 각종 병충해 등으로부터 직접적인 영향을 받기 때문에 반드시 국가적 차원의 노력이 꼭 필요하다. 이러한 국가적 생산지원 시스템을 갖추지 않은 채, 농산물 시장을 수요와 공급에만 맡겨 놓을 경우, 언제든지 가격의 폭등과 폭락 현상이 반복될 수밖에 없다.

영국의 통계학자 그레고리 킹은 "곡물에 대한 수요가 공급을 초과하면, 곡물 가격은 산술급수적이 아니라 기하급수적으로 오른다."는 킹의 법칙을 입증했다. 농산물은 킹의 법칙이 적용되기 시작하면 그야말로 걷잡을 수가 없다. 이는 킹의 법칙이 세워진지 수백 년이 지난 지금도 마찬가지다. 경제주체인 소비자들은 다른 물가보다도 특히 농산물 가격이 오를 경우, 물가 상승을 더욱 크게 체감한다. 매일 먹어야 하는 식탁 물가에 대한 부담이 그만큼 큰 것이다. 따라서 정부를 비롯한 많은 농업 관계자들이 함께 농산물 가격안정을 위해 끊임없이 수급의 해답을 찾고자 노력해야 한다.

잭 안드라카라는 미국 소년이 있었다. 어느 날 잭에게는 부모님과 같은 삼촌이 췌장암으로 돌아가셨다.

'과학은 진보했는데 왜 췌장암 생존율은 개선되지 않

고, 60년 전의 검사법을 아직도 사용하고 있는 거지? 내
가 직접 췌장암 진단법을 개발하겠어.'

주변 사람들은 그의 시도를 황당해하며 열다섯 소년의
치기로 여겼지만, 그는 주변 상황에 아랑곳하지 않고 연
구에 몰두했다. 인터넷을 통해 정보를 수집하고 전문가들
이 쓴 수많은 논문들을 읽으며 연구한 끝에, 췌장암에 걸
리면 '메소텔린mesothelin'이라는 단백질 수치가 눈에 띄게
증가한다는 사실을 알아냈다.

잭은 이 결과표를 들고 수많은 췌장암 전문가들을 찾아
가 지원을 요청했지만 모두 거절을 당했다. 그러던 중 존
스홉킨스의 아니르반 마이트라 박사가 잭의 열정을 알아
보고 그에게 기회를 주었다. 박사의 도움으로 연구한 지
7개월 만에 기존 방식보다 진단 속도가 168배 빠르고, 정
확도가 거의 100퍼센트에 달하는 췌장암 자가진단 방식과
전기 계측기를 개발하는 데 성공했다.

물론, 농산물 가격의 등락을 완화시키고 가격을 안정화
하기 위해 농업관계자들의 노력이 없었던 것은 아니다. 하
지만 '이건 도저히 해결하기 어려운 문제라…'며 한계를 규
정짓고 일정 부분 자포자기 했던 것은 아닌지 돌이켜봐야

혁신의 위드
With Innovation

하지 않을까? 분명 현재보다 나은 해법이 반드시 있을 것이라는 잭 안드라카와 같은 마음을 새기면서 말이다.

'돌 위에서도 3년'이라는 일본 속담이 있다. 아무리 차갑고 딱딱한 돌도 3년만 앉아 있으면 따뜻해진다는 의미이다. 모든 문제에는 반드시 해답이 있고 그 해답을 찾겠다는 의지, 할 수 있다는 믿음을 가지고 지속적으로 여러 시도를 하는 노력만이 한계를 무너뜨릴 수 있는 힘이다. 더 이상 소비자가 농산물 가격 때문에 울상 짓지 않도록, 농민들이 밭을 갈아엎는 일이 다시 일어나지 않도록 우린 그 해답을 찾아나서야 한다. 분명 어딘가 더 좋은 해답이 있을 것이다.

04

담장 밖
세상으로

농촌을 찾아다니기 때문에 많은 시간을 자동차 안에서 보낸다. 요즘은 자동차 성능이 좋아져서 먼 거리를 오랜 시간 타고 다녀도 크게 불편하지 않다. 차 안이 생활공간이 된 느낌이다. 고속도로를 다니다 보면 차의 종류가 매우 다양해지고 근사해진 것을 알 수 있다. 옛날에는 시골 마을 어귀에 자동차 한 대만 나타나도 차 꽁무니를 졸졸 쫓아다니고, 그 안을 들여다보느라 시간 가는 줄 몰랐던 시절이 있었다.

당시는 독일 자동차가 압도적인 점유율로 세계를 주름 잡던 시절이었다. 히틀러의 경제정책으로 건설된 아우토 반을 빠르게 달리기 위해서 독일의 자동차들은 내구성과 안정성 그리고 주행성까지 완벽하게 향상시켜야 했다. 주행여건이 가혹하기로 유명한 뉘르부르크링 서킷에서 다양한 테스트를 견뎌낸 이 독일 자동차들은 전 세계 어느 곳에 내놓아도 그 성능을 인정받았다.

하지만 자동차 산업이 일본, 한국, 중국 등을 비롯하여 세계 각지로 확산되면서 기술이 보편화되었고, 독일 자동차는 더 이상 특별한 존재가 아니게 되었다. 그래서 독일 자동차 회사들은 고급 차량들을 중심으로 차별화 전략에 집중하게 되었다.

이와 같이 자동차 기업 간 기술력의 차이는 미미한 존재가 되어버렸다. 다만 어떻게 다른가를 소비자들에게 인식시키는 것이 관건이 된 셈이다. 심지어 요즘 자동차는 승차감을 넘어 '하차감'을 판다는 말이 등장할 정도다. 하차감이란, 자동차에서 내릴 때 쏟아지는 주변 사람들의 시선을 말하는 것이다.

내가 예약한 고급 음식점 테이블 위에 어떤 모양의 자동차 열쇠가 올라갈 것인가가 자동차를 선택하는 기준이 된다는 뜻이기도 하다. 자동차 산업이 이동과 운송을 위한 교통수단이라는 기존 업業에서, 자신의 가치와 존재를 과시하는 감성적 수단으로 전환되고 있는 것이다.

이러한 변화는 시계 산업에서도 나타나고 있다. 시계 하면 떠오르는 나라는 스위스이다. 스위스의 시계 장인들은 16세기 중반 제네바에서 시작된 그들만의 시계 제작 역사를 한없이 자랑스럽게 여겼다. 더불어 그 누구도 우리보다 더 정확한 시계를 만들 수 없다는 장인정신에 대한 자부심 또한 컸다. 전 세계 시계 시장의 40퍼센트를 장악하며 스위스 시계는 아주 오랫동안 부와 명예를 누려 왔다.

하지만 1980년대 일본의 플라스틱 전자시계의 등장으로 정밀기계 산업은 서서히 디지털화에 밀려났다. 값이 싸고 실용성이 강조된 시계가 그 시대 대중 심리와 절묘하게 맞아 떨어졌기 때문이다.

혁신의 위드
With Innovation

하지만 다시 스위스의 시계 산업이 뜨고 있다. 세계적인 시계 브랜드 스와치Swatch의 CEO 니콜라스 하이에크는 "사람들은 시계를 본연의 기능으로뿐 아니라, 패션 액세서리로 여긴다. 옷을 여러 벌 사듯 시계도 계속해서 살수 있게 만들어야 한다."며 시계 산업의 새로운 비전을 알린 것이다.

스와치는 유명 패션쇼와 같이 매년 2차례 스와치 컬렉션을 발표하는 성대한 행사를 개최한다. 그리고 시계 산업을 싱밀기개 산업에서 패션 산업으로 진화해 전혀 다른 새로운 시장을 열었다.

GE항공도 마찬가지다. 제트엔진 생산을 주된 사업영역으로 하던 이 회사는 엔진 유지보수를 통해 새로운 사업영역을 개척했을 뿐 아니라, 여기에 더해 본업인 제트엔진 판매까지 비약적으로 성장시켰다. GE항공의 엔진 유지보수 서비스는 '온 윙 서포트On Wing Support'라는 서비스로 비행기 엔진에 센서를 붙여 엔진 이상 여부를 원격으로 체크하고 이상이 있을 때 선제적으로 보수하는 시스템이다. 큰 비용이 들어가는 각종 사고에 민감한 항공사 입장에서는 더할 나위 없는 서비스인 터에, 같은 값이라면 GE항공의 엔진이 달린 비행기를 구매할 수밖에 없는 것이다. 만약 GE항공이 엔진 개발과 생산에만 매달렸다면, 이런 결과를 내기란 어려웠을 것이다.

이처럼 100년 이상된 글로벌 장수기업들도 기업의 본질을 바꾸는 일에 적극적으로 나서고 있다. 그리고 그 변화의 시기가 매우 적절했다는 공통점이 있다. 필립스도 120여 년 전 조명을 만드는 회사로 출발했지만 최근 헬스케어, 소비자 가전, 조명사업을 중심으로 새롭게 사업구조를 개편했다. GE 역시 항공부품을 넘어 백색가전제품 생산에서 의료장비, 신소재 생산 등으로 포트폴리오를 변경하며 변화를 꾀하고 있다. 변화하지 못하면 거대한 기업도 결국 사라지고 만다는 사실을 경험을 통해 알고 있는 것이다.

이제껏 다른 길은 생각해본 적도 없고 오로지 외길만을 가겠다는 우직함은 더 이상 이 시대의 미덕이 아니다. 끊임없이 변화하는 기업만이 생존을 보장받는 시대이다. 따라서 기업의 생존을 위해 필요하다면 과감히 업을 전환하는 고민도 필요하다.

협동조합 간 시너지도 마찬가지다. 농협은 다양한 방향에서 시너지를 만들어낼 수 있는 조직이다. 협동조합이라는 본질을 각인하고, 각자의 영역에서 담장 밖 세상으로 뛰쳐나가는 것을 두려워해서는 안 된다. 소비자는 농산물, 수산물, 공산품을 특정해 소비하지 않는다. 욕망과 필요에 따라 소비할 뿐이다.

그럼에도 재화나 서비스를 생산하는 사람들은 그 안에 머물고 싶어 한다. 밖으로 나가는 것이 두렵기 때문이다. 농부가 보지 못하는 것을 어부는 볼 수 있고, 반대로 어부가 보지 못하는 것을 농부는 볼 수 있다. 서로의 합을 '1+1=2'라는 단순 수식으로 생각하지 말아야 한다. 우리가 말하는 시너지란 '1+1=3'이 되는 특별한 힘이다.

생산과 가공, 체험과 관광 등 소비자가 함께 참여하고 그 속에서 새로운 가치가 발현되는 종합유통시스템으로의 전환을 모색해야 한다. 단절된 생각과 시스템 안에서는 전혀 할 수 없었던 일들을 연결고리를 찾아 합치고 섞

으면 전혀 다른 가치를 창출할 수 있다. 담장 밖 세상은
우리가 생각하는 것보다 훨씬 흥미로울 것이다.

05
일관성의
함정

가수 이선희의 '알고 싶어요'라는 노래에는 사랑을 시작하는 연인의 마음이 잘 담겨 있다. 노래는 처음부터 끝까지 온통 상대방에 대한 궁금증으로 가득 차 있다. 무엇을 하고 있는지, 좋아하는 것은 무엇인지, 나를 어떻게 생각하는지… 누군가를 사랑할 때, 누군가의 마음을 얻고 싶을 때는 상대방이 무엇을 원하는지를 궁금해하고 알고자 하는 것이 먼저다. 그 사람을 알기 위해서 우리는 주변 사람들을 통해서라도 정보를 얻으려 애쓰곤 한다.

기업도 마찬가지다. 고객의 마음을 얻고자 한다면, 고객이 어떤 상품과 서비스를 원하는지, 선택에 있어 무엇을 가장 우선시하는지 등 그들의 요구를 아는 것부터 시작해야 한다. 기업의 관점이 아니라 고객의 관점에서 제품과 서비스를 기획하고, 고객가치를 높이기 위한 노력을 끊임없이 해야 한다. 트렌드를 읽지 못하는 기업은 도태될 수밖에 없다.

숙박 공유 플랫폼 에어비앤비　　는 "현지인처럼 살아보라."는 슬로건을 내걸고 여행에 관한 새로운 문화를 여행객들에게 제공하고 있다. 에어비앤비가 성공할 수 있었던 이유는 상업화된 대규모 호텔 체인들에 대한 고객들의 불만을 읽었기 때문이다. 에어비앤비는 대형 호텔 체인이 제공하는 천편일률적인 정보가 아닌 '현지인의 경험'에 의한 추천으로 여행객들의 신뢰는 한층 더 높아지게 되었다.

또한, 여행자들이 여행을 준비하는 사람들을 위해 자신의 숙소를 소개하고 현지여행을 통한 특별하고도 감동적인 체험들을 추천해주면서 여행객들 간의 활발한 네트워크를 형성할 수 있도록 했다. 더불어 여기서 얻은 아이디어를 다시 상품화하여 에어비앤비는 소비자가 만들어가는 기업이라는 평가를 얻을 수 있게 된 것이다.

4차 산업시대에는 굳이 소비자 선택 동향을 예측하는 것이 필요없어질 전망이다. 빅데이터 분석을 통해 바로 현상을 확인할 수 있기 때문이다.

한때 배우 김수현과 전지현이 출연하여 국내에서 높은 인기를 얻었던 드라마 '별에서 온 그대'는 중국 시장에서 엄청난 인기를 얻었다. 중국에서는 드라마의 인기를 마케팅으로 연결시켰다.

여기서 활용된 것이 빅데이터다. 지역별 시청률을 분석해서 시청률이 높은 지역에 치맥 가맹점과 한국 화장품 매장 등을 개장하면서 매우 높은 수익을 올릴 수 있었다. 실시간에 가까운 현상분석과 이에 대한 빠른 대응이 단기적인 성과를 결정하는 시대가 되었다. '예측'을 넘어 곧바로 '현상을 분석'하는 것이다.

아마존 닷컴의 경우에도 고객의 구입 정보를 분석해 구매 예상 상품을 추천하고 개인화된 쿠폰을 제공하는 등

매출의 약 35퍼센트를 빅데이터 기반의 추천 시스템을 통해 발생시키고 있다. 아마존은 매년 이익의 10퍼센트를 추천 시스템 개선에 투자할 정도로 빅데이터의 효용성을 일찍이 알고 적용한 기업이다.

'일관성의 법칙'이라는 것이 있다. 한번 의사결정을 하면 그 후 비슷한 상황에 처했을 때 별다른 고민을 하지 않고 이전에 내린 결정과 일관되게 행동하는 인간의 특성을 말하는 심리학 용어이다.

그런데 이 일관성이 기업 경영에 있어서는 문제가 될 수도 있다. 관행이라는 것 자체가 그동안의 사회적, 환경적, 문화적 영향을 종합적으로 고려하여 내린 의사결정일 수는 있지만, 자칫 시시각각 변하는 소비자들의 요구에 귀를 기울이지 못할 수 있기 때문이다. 소비자 요구를 알지 못하므로 그 기업은 당연히 도태되고 만다. 그러므로 기계화된 일관성의 함정, 즉 관행에 빠지지 않기 위해 늘 담금질해야 한다. 아는 만큼 보인다고 했다. 변화의 속도가 빨라지는 지금, 고객을 아는 일이 그 어느 때보다 중요하다.

농협은 다양한 시너지를 낼 수 있는 조직이다. 협동조합이라는 본질을 각인하고, 각자의 영역 밖 세상으로 뛰쳐나가는 것을 두려워해서는 안 된다. 소비자는 농산물, 수산물, 공산품을 특정해 소비하지 않는다. 그럼에도 제화나 서비스를 생산하는 사람들은 그 안에 머물고 싶어 한다. 농부가 보지 못하는 것을 어부는 볼 수 있고, 반대로 어부가 보지 못하는 것을 농부는 볼 수 있다. 서로의 합을 '1+1=2'라는 단순 수식으로 생각하지 말아야 한다. 우리가 말하는 시너지란 '1+1=3'이 되는 특별한 힘이다.

06

성공신화와
죽음의 계곡

《손자병법》은 전법의 최고 경지를 "형태가 없는 전법"이라고 말한다. '형병지극 지어무형形兵之極 至於無形'이다. 승리를 거둔 전술은 반복해서 쓰지 말고 끊임없이 변형해 사용해야 한다는 뜻이다. 싸움은 상대가 있으므로 전술은 상대에 따라 바뀌기 마련이고 바뀌어야 마땅하다는 것이다. 다른 상대를 만나 같은 전법을 펼치는 장수는 반드시 병사들을 위태롭게 한다.

경영도 마찬가지다. 세븐일레븐 스즈키 도시후미 회장

은 "성공하고 싶다면 '성공기억상실증'에 걸릴 줄 알아야 한다. 과거의 영광에 머무르는 사람에게 기다리는 건 미래의 실패뿐이다."라고 말했다. 성공하는 기업들은 혁신적이고 차별적인 가치로 고객들의 선택을 받고 성장한다. 그런데 어느 수준 성취의 길에 들어서면 기존에 구축해놓은 성공방식을 공식화하기 마련이다. 그것은 오랫동안 성공해왔던 방식이 성장을 지속하게 할 것이라 믿기 때문이다.

그런데 외부환경이 급격하게 변하면 여러 가지 문제가 발생한다. 이러한 급격한 변화를 '단절적 변화'라고 한다. 연속선상에 있는 것이 아니라, 전혀 다른 차원의 변화이기 때문에, 이전 환경에 최적화된 기존의 방식을 변용시키는 정도로는 적응조차 불가능하다. 기술, 경영 환경, 고객의 행동 패턴이 바뀌면 기존 방식에 맞춰진 해법이 전혀 유효하지 않기 때문이다.

하버드 경영대학원 크리스텐슨 교수는 "선도하는 기업이 실패하는 것은 그들이 자만해서가 아니고, 오히려 열심히 했기 때문이다."라고 주장하여 집중을 받았다. 새로운 게임의 룰이 나오고 있는데 성공을 이끌었던 과거의

혁신의 위드
With Innovation

방식대로 열심히 해봤자 조직의 미래에 전혀 보탬이 되지 못한다는 것이다. 그는 '파괴적 혁신Disruptive Innovation'이 필요하다고 말한다. 과감하게 익숙함과 결별해야 한다는 것이다. 조직의 위기는 구성원들이 열심히 하지 않아서가 아니라 자연스럽게 일상에 스며들었기에 자각하지 못했고, 관성에 무뎌져 있는 익숙함으로부터 온다. 그래서 다음 혁신과 도전에 걸림돌이 될 수 있는 '성공에의 도취'와 결별해야만 하는 것이다.

에스키모인들에게는 선농석으로 내려오는 늑대사냥법이 있다. 얼음 바닥에 피를 적신 칼을 꽂아놓으면 늑대가 피 냄새를 맡고 다가와 그 칼을 핥기 시작한다. 칼날 위에 얼어붙어 있던 피를 모두 다 핥아내고도 늑대는 계속해서 날카로운 칼날을 핥는다. 그러다 칼날에 혀가 베이지만, 얼어붙은 칼날을 핥았기 때문에 이미 혀가 마비된 데다 피 맛에 취한 늑대는 그 피가 자신의 피인 줄도 모르고 계속 핥으며 서서히 죽어간다.

개인도 기업도 성공의 기억에 머물러서는 안 된다. 그것은 이미 과거이기 때문이다. 시간은 미래를 향해 가는 것이지 되돌아오지 않는다. 머무른다는 것은 결코 현상유지가 아니라 퇴보를 말한다.

협동조합이든, 사회적 기업이든, 주식회사든 무한 경쟁에서 생존하기 위해서는 매일매일 변신해야 한다. 그러기 위해 조직 구성원의 생각을 더욱 유연하게 바꾸고 조직변화를 민첩하고 탄력적으로 전환해야 한다.

지금 우리가 속해 있는 조직이 관성에 젖어 있지는 않은지, 과거 성공에 매몰되어 있지 않은지, 조직이 경직된 방식으로 운영되는 것은 아닌지 면밀히 살펴볼 필요가 있다. 말하자면, 조직이 죽음의 계곡으로 들어가고 있는지 모두 함께 늘 살피며 가야 한다.

07

시계 거꾸로 돌리기 실험

우리의 삶은 선택과 갈등의 연속이다. 오늘 아침 첫 번째 갈등은 아침잠을 깨우는 알람 때문이었을 것이다. 알람소리를 들으면 일어나야 한다는 걸 알고 있지만, 조금 더 자고 싶은 게으른 마음과 한바탕 갈등을 겪는다.

《5초의 법칙》의 저자 멜 로빈슨은 "어떤 일이든 5초를 세고 그 뒤엔 망설이지 말고 행동하라."고 조언한다. 알람을 듣고 5초 안에 일어나지 않으면, 영악한 뇌는 일어나지 않을 핑계를 찾아 자신을 설득하기 시작한다. 사람의 생각은 늘 익숙하고 편안함을 추구하기 때문에 새롭고 적극적인 행동을 하는 데 방해가 되곤 한다.

　그렇다면 생각이 먼저일까? 행동이 먼저일까? 이 질문
에 대한 흥미로운 실험이 있다. 어느 날 미국의 한 지방신
문에 다음과 같은 광고가 실렸다.

〈무료한 일상 탈출, 활기찬 노년〉
·지원 자격: 70대 후반 ~ 80대 초반 남성
·해도 일: 일주일간 여행하며 추억에 대해 토론하기
·혜택: 모든 여행 경비 일체 무료

　여행 경비가 일체 무료라는 광고를 보고 많은 지원자들이
모여들었다. 그리고 이 여행의 참가조건은 단 2가지 였다.
　첫 번째, 20년 전의 영화와 텔레비전을 시청하고 정치,
사회, 스포츠 등을 과거형이 아니라 현재 일상생활인 것처
럼 이야기하기. 즉 20년 전을 살고 있는 것처럼 행동하기.
　두 번째, 청소, 설거지 등 집안일을 남의 도움 없이 직
접 하기.

　첫 번째 조건은 쉽게 수용되었지만, 두 번째 조건은 매

우 고민스러운 문제였다. 왜냐하면 그들 대부분은 몸도 제대로 가누지 못할 정도의 노인들이었기 때문이다.

그런데 일주일 후, 아주 놀라운 광경이 펼쳐졌다. 실험에 참가한 노인들의 시력, 청력, 기억력 등 신체기능이 대부분 회복되었고, 수용하기 어려웠던 집안일도 큰 어려움 없이 직접 수행하고 있었던 것이다. 20년 전으로 돌아간 것처럼 행동하다 보니 몸과 마음이 20년 전을 사는 것처럼 인식한 것이다. 이 실험은 하버드대학 엘렌랭어 교수가 진행한 '시계 거꾸로 돌리기 실험'이다. 사람들은 스스로 생각의 한계를 가지게 되는데 그것을 행동으로 넘어설 때 변화도 가능하다는 결론을 얻게 되었다.

파블로 피카소는 《게르니카》, 《아비뇽의 처녀들》 등 약 100여 점이 넘는 명작을 창작했다. 하지만 피카소가 평생 그린 작품이 무려 13,500점, 700여 점이 넘는 조각품이 있었다는 것에 비추어보면 생각보다 명작이 그리 많지 않다는 것을 알 수 있다. 중요한 것은 그의 성실한 실천 능력이다. 추측해보면 거의 매일 한 작품 이상을 그렸다는 계산이 나온다. 어떤 눈부신 성과는 완벽한 한 가지 생각으로부터 비롯된 것이 아니라, 수없이 많은 행동을 한 결과를 수정해가며 얻어지는 것이다. 어린아이가 부모에게 배우고 익혀서 걷는 게 아니라, 수천 번 넘어지고 일어나다 보니 스스로 걷게 되는 것처럼 말이다.

우리 머릿속에는 구슬처럼 반짝이는 생각들로 가득 차 있다. 하지만 그 구슬들을 꿰지 않고 그대로 둔다면 무슨 소용이 있을까. 지금까지 망설였던 생각들이 있다면 지금 당장 행동으로 옮겨보라. 생각을 가로막고 있던 여러 장벽이 일시에 걷히고, 신선한 행동을 보이며 빛나는 가치를 발현할 것이다. 그리고 그 실천들은 새로운 생각들로 이어져 또 다른 행동을 이끌어내는 마중물이 될 것이다.

08

흘러간 물과
물레방아

왼쪽과 오른쪽 짝이 맞지 않는 기상천외한 운동화. 하지만 연간 600만 켤레가 팔리는 기적의 운동화. 바로 '슌소쿠瞬足'라는 일본의 어린이용 운동화이다. 순瞬은 '눈 깜짝할 사이'를, 족足은 발을 뜻한다. '눈 깜짝할 사이처럼 빠른 발'이라는 의미인데, 이 운동화는 개발되자마자 정말 눈 깜짝할 사이에 엄청나게 팔려나갔다. 일본 어린이 두 명 중 한 명은 슌소쿠를 신고 있다고 해도 과언이 아니다.

"초등학교 운동회 때, 계주대회를 하면 왜 매번 아이들이 넘어지는 걸까?"

"계주를 뛸 때, 왜 왼쪽으로만 돌게 되어 있는 걸까?"

이러한 의문점에서 시작되어 만들어진 것이 바로 이 슌소쿠, 아이들이 달릴 때 넘어지지 않도록 만든 운동화이다. 슌소쿠는 일본의 신발 제조회사 아킬레스에서 만들었다. 이 회사는 아주 큰 기업은 아니지만 어린이용 신발업계에서는 그래도 꽤나 알려져 있는 기업이었다. 그런데 이 업계에 집적으면 위기가 닥쳤다. 당시 일본은 출산율 감소로 어린이 신발시장의 규모가 급격히 줄어들었고, 수많은 경쟁자들의 출현으로 공급이 넘쳐 대부분의 신발회사들이 큰 어려움을 겪게 된 것이다. 아킬레스도 마찬가지로 매출이 서서히 줄어들기 시작했고, 설상가상으로 경기가 최악의 상황으로 치닫고 있었다. 이러한 상황에서 아킬레스는 긴급 프로젝트 팀을 결성해 신개념 좌우비대칭 운동화를 고안해냈다.

이 운동화는 일상생활에 전혀 불편이 없으면서, 달리기를 할 때 코너링의 기울어짐을 보완하게 만들어졌다. 하지만 이 짝짝이 운동화를 바라보는 기존의 고정관념들이 너무 큰 산으로 버티고 있었다. 신발 제조공장에서부터 신발 판매상점에 이르기까지, 비상식적이고 황당무계한 신발이라며 반대하고 나섰다. 회사 내부에서도 반대여론이 만만치 않았다. 하지만 아킬레스의 경영진은 이 오래된 고정관념을 설득하여 넘어서기로 결심했다. 그 결과, 150만 켤레만 팔아도 대히트라는 아동화 판매기록을 완전히 뛰어 넘어 4,000만 켤레를 판매하는 공전의 히트를 기록했다.

우리는 본능적으로 새로운 것에 적응하기보다 이미 적응된 생각과 행동을 할 때 심리적으로 훨씬 편하게 느낀다. 그렇기 때문에 오래된 생각과 습관일수록 변화에 대한 저항력이 더 크다. 전문가들은 이것을 '현상유지 편향 Status quo bias'이라고 한다.

카페에 가서 뭘 시킬까 고민하다가 "그냥 아메리카노"를 주문하고, 넥타이 하나 새로 사러 가서도 이것저것 집었다 놨다하다 결국 원래 하던 것과 비슷한 디자인에 손이 간다.

그렇다면 관습화된 생각과 행동을 변화하고자 할 때, 현상유지에 대한 이러한 본능을 어떻게 극복할 수 있을까? 이는 기업의 혁신활동과 직결된 질문이기도 하다.

바버라 해니건은 소프라노로서 노래를 부르고 지휘도 하는 특별한 사람이다. 아시다시피 클래식 음악계는 전통을 고수하는 분야로 잘 알려져 있다. 유명한 베를린 필하모니나 빈 필하모닉 등 유럽의 주요 오케스트라들이 여성 음악가를 단원으로 받아들이기 시작한 것도 불과 얼마 전의 일이다. 그런데 심지어 여성이 오케스트라를 지휘하며 노래까지 한다? 이는 쉽고 쉽게 받아들여지기 어려운 일이었을 것이다. 그렇다. 그 고루하기 짝이 없는 클래식 음악계조차도, 이제 변화된 청중들의 요구에 맞추고자 몸부림을 치고 있는 것이었다.

기업도 마찬가지다. 새로운 아이디어를 떠올리고 새로운 행동방식을 찾아내는 것보다, 기존의 낡은 생각을 떨쳐내는 것이 더 중요하다. 낡은 방에 새로운 것을 들여놓으려면, 기존에 차지하고 있던 낡은 가구들부터 먼저 싹 치워버려야 한다.

구태의연한 생각을 버린다는 것은 조직 내에서 수많은 갈등과 논쟁을 불러 올 수 있다. 그것은 조직 내 기존 사고방식이 일종의 도그마로 자리 잡아, 비판과 변화를 수용하지 않으려 들기 때문이다. 또 새로운 생각을 적용함으로써 얻는 결과의 불확실성 때문이기도 하다.

하지만 반드시 극복해야 할 문제이다. 그래야 변화도, 발전도 기대할 수 있다. 슌소쿠가 생산자와 판매자, 소비자들의 고정관념을 극복하지 않았다면, 분명 역사 속으로 사라진 여러 기업 중 하나가 되었을 것이다. 오래된 생각을 버리려는 결단과 새로운 생각을 수용하는 유연함이 있었기에 신화를 창조하는 일이 가능했다. 그리고 조금 더 있으면 그 새로웠던 생각도 마치 원래 있었던 생각인 것처럼 서서히 굳어져갈 것이다. 이것이 우리가 끊임없이 오래된 생각을 버려야 하는 이유이며, 끊임없이 새로운 생각을 받아들여야 하는 이유이기도 하다.

앨빈 토플러는 "다수의 의사결정주체들이 과거보다 더 쓸모없어진 무용지식, 즉 변화로 인해 이미 거짓이 되어버린 생각이나 가정을 근거로 매일 의사결정을 내리고 있다."고 주장했다. 그래서 오래된 생각으로부터 과감히 벗어나 변화와 혁신의 바다로 떠날 채비를 해야 한다고 강조했다. 이미 흘러간 물로는 물레방아를 돌릴 수 없는 것과 같은 이치다.

09

무모한 생각에서
얻은 희망

　　호주 멜버른의 한 건물 7층에 샌드위치 가게가 있다. 누가 샌드위치 사려고 7층까지 올라가겠냐고 생각하겠지만, 여긴 대박가게다. 심지어 이 가게에는 의자나 테이블, 주문받는 직원도 없다. 그런데도 가게가 있는 건물 골목에는 연일 수백 미터씩 줄을 서는 진풍경이 벌어진다.

　　이 가게의 이름은 '재플슈트'다. 샌드위치를 뜻하는 '재플'과 낙하산을 의미하는 '슈츠'를 합성한 이름인데, 그 이름 그대로 샌드위치를 낙하산에 달아 건물 7층에서 아래로 던져준다. 손님들은 온라인으로 미리 결제를 하고, 원하는 시간에 건물 앞으로 와 주문한 샌드위치를 받는다. 낙하산을 타고 내려오는 샌드위치를 받는 것은 매우 특별한 경험이 된다. 아마 이 가게를 다시 찾는 고객들은 이 가게의 샌드위치를 단순히 음식이 아니라, 잊지 못할 추억으로 여길 것이다. 상식의 틀을 깨는 순간, 열악한 조건은 오히려 최고의 비즈니스 모델로 바뀌었다. 관점을 새롭게 하는 것은 마법과도 같은 것이다.

소프트뱅크 손정의 사장은 많은 기업인들에게 늘 새로운 영감을 주는 세계적인 CEO이다. 그는 학창시절 때 학교 마라톤 대회에 참가했다. 호수를 중심으로 마라톤 코스가 둥글게 펼쳐져 있었고, 모든 학생들은 정해진 원형 코스를 달리고 있었다. 여느 학생들과 같이 첫 바퀴를 따라 달려본 손정의 사장은 곡선으로 달리는 것보다 코스를 따라 직선으로 달리는 것이 보기에는 멀어보여도 실제 거리는 더 짧다는 사실을 순간 알아차렸다. 달리기에 전혀 소질이 없던 그는 자신이 생각한 대로 달리기 시작했고, 1,000명의 참가자 중 10등으로 결승선을 통과할 수 있었다.

손정의 사장은 원형으로 만들어 놓은 코스를 따라 돌아

야 한다는 상식을 깨고 남들이 생각하지 못한 방법을 선택했다. 그처럼 짧고 순간적인 상황에서도 남들과는 다른 관점으로 현실을 바라볼 수 있다는 사실이 더욱 놀랍기만 하다. 현재 그의 승부사적 기질과 판단력은 어쩌면 남들과는 다른 특별한 관점이 있었기에 가능했을 것이라 생각된다.

관점을 새롭게 한 사례는 이외에도 무수히 많다. 지금 우리가 당연시 여기며 누리고 있는 모든 문명과 학문, 각종 제도들은 끊임없는 관점의 혁신을 통해 상식을 극복하고 발전하여 이루어진 결과물이기 때문이다.

핸리 포드는 시카고 도살장을 지나다 인부들이 고기 덩어리를 아주 손쉽게 옮기는 모습을 보고, 자동차 조립공정에 컨베이어 시스템을 도입하여 자동차 대량생산 시대를 열었다. 대부분의 연구가들이 배에 날개를 달아 하늘로 띄우겠다는 연구에 골몰할 때, 스무 살의 항공기 설계사 어니스트 G. 스타우트는 비행기를 물에 띄우는 새로운 관점으로 수상 이륙 비행기 개발에 성공했다.

우리가 살고 있는 세상은 날마다 신제품이 쏟아져 나오

고 매순간 새로운 소식들이 전해지고 있지만, '새로운 관점'을 좀처럼 보기 어렵다. 자원의 희소성을 깊이 있게 다루고 있는 경제학적 시각으로 볼 때, 새로운 관점은 차별적인 가치를 의미한다. 오늘날 기업들은 존립을 위협하는 극한 환경들을 이겨나가야 한다. 여기서 극한 환경이란 지금껏 경험해보지 못했던 전혀 새롭고 낯선 환경을 말한다. 따라서 기존의 사고방식으로는 해답을 찾기 어렵다. 상식을 뛰어넘는 창의적이고 도전적인 발상의 전환을 이루어야 가능하다.

앞으로의 세상은 정보통신기술의 진화를 기반으로 모든 것이 연결되고 서로 소통하는 혁명의 시대가 될 것이라 예측한다. 따라서 다가오는 시대의 경쟁력은 기술을 보유하는 것보다, 보유하고 있는 다양한 기술들을 어떻게 연결해 새로운 가치를 만들어 낼 수 있는가 하는 데에 있을 것이다. 여기에 관점을 혁신하는 것이 승부의 한 수가 될 것이다.

재플슈츠의 샌드위치, 손정의 사장의 마라톤, 헨리 포드의 컨베이어 시스템, 어니스트 스타우트의 수상 비행기…

혁신의 위드
With Innovation

모두가 당연히 안 될 것이라고 여겼던 것을 성공으로 바꾸어낸 관점의 혁신들이다. 남들이 하지 않은 일을 하는 것은 무모해보이지만, "처음부터 무모해보이지 않는 생각은 아무런 희망도 없다."는 아인슈타인의 말처럼 상식의 틀을 깨는 것이 또 다른 성공의 길임을 깨달아야 한다.

10

비둘기 똥의
반전

"당신의 키가 5센트 동전 크기만큼 줄어든 상태로 믹서 안으로 던져졌다고 가정해보라. 부피는 줄었으나 밀도는 부피가 줄어들기 전과 같다. 믹서 칼날은 60초 안에 움직이기 시작할 것이다. 어떻게 할 것인가?"

구글의 면접시험에 출제된 질문이다. '칼날 아래 눕는다.' '칼날 옆에 최대한 비켜선다.' '옷을 찢어 로프를 만들어 빠져 나간다.'와 같은 지극히 평범한 대답으로는 구글에 입사하긴 어려워 보인다. 지원자들은 이 질문이 무엇을 원하는지 먼저 이해해야 한다. 이 질문에는 새로운 상품을 창조해 내는 과정이 압축되어 있기 때문이다.

넌센스 퀴즈 같은 이 문제의 핵심키워드는 바로 '밀도'이다. 부피는 줄었지만 밀도가 그대로라면 점프를 해서 믹서 밖으로 튀어 오르는 것이 가능하게 된다. 작은 존재는 자기 몸을 들어올리기 쉽다. 마치 벼룩이 자기 몸 크기의 수백 배 높이를 뛰는 것을 상상하면 된다.

이처럼 구글, 애플, 페이스북, 맥킨지 등 세계 초일류 기업들의 인재 선발 기준은 달라지고 있다. 천편일률적인 지능, 성적, 적성을 검증하는 방식을 넘어, 잠재적 가능성을 테스트하는 독창적이고 전략적인 방식을 택하고 있다. 급변하는 세상에서 주어진 상황과 조건에 맞는 문제해결 능력을 중요시하는 것이다.

어제오늘 일이 아닌 심각한 청년 실업 문제. 수백 대 일에 이르는 높은 경쟁률, 남을 의식한 미래 설정, 역량과 적성을 고려하지 않는 투망식 지원 등으로 구직자들의 취업 피로감은 극에 달해 있다. 답답하기는 기업도 마찬가지이다. 홍수가 나서 물이 넘쳐나도 정작 마실 물이 없는 상황과 같다. 사람은 넘쳐나는데 기업에 맞는 인재를 찾기란 하늘에 별 따기이다. 기존의 스펙 위주 채용 방식으로는 창의적인 인재를 선별하기 어려울 뿐 아니라, 그렇게 채용한 직원들로 인해 조직이 관료화되면 변화하는 환경에 유연하게 대처할 수 없다는 딜레마가 생긴다.

4차 산업시대에는 많은 분야의 지식 노동이 AI로 대체될 것이라고들 한다. 실제로 'AP 통신', 〈LA 타임즈〉 등 유수 언론들이 인공지능을 이용해 초당 9.5개의 독자 맞춤형 기사를 생산하고 있다. 곧 기자들의 일자리가 AI로 인해 사라질 것이라는 위기감에 휩싸여 있다. 세상은 이전과는 전혀 다른 인재상을 요구하고 있는 것이다. 즉, 인간만이 할 수 있는 보다 창의적 능력을 키우는 데 주목해야 할 것이다. 따라서 미래의 인재는 문제 중심형, 문제 해결형의 창의적이고 전략적인 마인드를 가지고 있어야 한다.

문제해결을 위해서는 본질Why에서 시작해야 한다. 문제에 직면했을 때 문제 속에 숨어 있는 희미한 연결선을 더듬어 그 간극을 좁혀나가는 노력이 필요한 것이다.

워싱턴 D.C.에는 1943년에 세워진 토마스 제퍼슨 기념

관이 있다. 이 기념관의 외벽 부식 현상을 해결하는 기념
관장의 자문자답 이야기가 흥미롭다.

① 외벽이 왜 이렇게 부식되어 있을까?
청소부가 지나치게 돌을 문질러 청소했기 때문이다.
② 왜 지나치게 돌을 문질러 청소했나?
비둘기들이 모여서 똥을 싸기 때문이다.
③ 왜 비둘기들이 이곳에 많이 모여들까?
비둘기들이 거미를 잡아먹기 위해서이다.
④ 왜 거미들이 이곳에 그렇게 많은가?
나방들을 잡아먹기 위해 모였기 때문이다.
⑤ 왜 나방들이 그렇게 많은가?
해 질 무렵 이곳에 불을 켜놓기 때문이다.
⑥ 그렇다면 나방들이 몰려들지 않게 하는 방법은 없는가?
주위 조명보다 2시간 늦게 조명등을 켜는 것이다.

결국 관장은 주위 조명보다 2시간 늦게 조명등을 켰다.
그래서 나방들이 몰려드는 시간에 조명이 없으니 나방들
이 오지 않았고, 나방들이 몰려들지 않으니 거미도 없어
졌으며, 거미가 없어지니 비둘기들이 오지 않아 외벽이

오염되는 문제는 자연스럽게 해결되었다.

　사실 우리는 그동안 인재를 선발하려 하지 않았다. 어디에나 활용할 수 있는 범용형 인력을 선호해온 것이다. 그러다 보니 직원들의 능력을 특별하게 육성시키고 개발하는 것에 크게 관심을 두지 않았다.

　위대한 경영자 잭 웰치는 "다음 세대의 리더는 하늘에서 뚝 떨어지는 것이 아니다."라고 말했다. 한 며칭을 들어다보듯 적재적소에 맞는 인재를 뽑고 그들을 육성하는 것에 끊임없이 투자하고 노력해야 한다는 것이다.

　미래 인재에게 필요한 것은 지식의 양이 아니라 기존의 지식을 융합하고 공유와 협업을 통해 문제를 해결해나가는 역량이다. 리더는 인재를 양성해야 할 책임과 의무가 있다. 기업의 인력 니즈를 충족시키며 동시에 조직의 변화를 선도하고, 문제해결 능력이 탁월한 인재를 등용할 수 있는 시스템을 갖출 수 있도록 해야 한다. 사람이 곧 경영체이고 협동조합이기 때문이다.

우리 머릿속에는 구슬처럼 반짝이는 생각들로 가득 차 있다. 하지만 그 구슬들을 꿰지 않고 둔다면 무슨 소용이 있을까. 머릿속 생각들을 지금 당장 행동으로 옮겨보라. 생각을 가로막고 있던 여러 장벽이 일시에 걷히고, 실천한 행동은 오히려 빛나는 가치를 발현할 것이다. 그리고 그 실천들은 또 다른 행동을 이끌어내는 마중물이 될 것이다.

4장

가치의 위드

'당연한 것'이
위대한 것이다

$\mathscr{W}\,i\,t\,h\qquad \mathscr{V}\,a\,l\,u\,e$

자전거를
책으로 배우는 사람

공자의 제자 자로가 진정한 앎에 묻자 그는 이렇게 답했다.

"아는 것을 안다고 하고 모르는 것을 모른다고 하는 것이 바로 앎이다. 진정한 앎이란 자기 자신이 얼마나 모르는지를 아는 것이다."

사람들은 사는 동안 여러 가지 경험을 하면서 다양한 지식을 쌓아간다. 그래서 사람마다 전문분야도 다르고 지식의 수준 또한 다른 것이 당연하다. 하지만 진정 알고 있다는 것은 자신이 알고 있는 정도를 자랑하는 것이 아니라 모른다는 것을 알고 부족한 것을 채워가려고 노력하는 것이다. 그리고 단순히 아는 것에서 그치는 것이 아니라, 행동과 실천으로 옮겨질 때 '아는 것'에 의미가 깃든다.

버락 오바마 전 미국 대통령은 대한민국 교육시스템에 칭찬을 아끼지 않았다. 한국의 교육수준은 세계 최고라며 높이 평가하고 미국 학생들도 한국 학생들처럼 끊임없이 경쟁해야 한다고 말했다. 그런 칭찬이 어쩐지 우리에게 과하다고 느껴지는 것은 나쁜일까? 뿌듯하고 기분이 좋은 대신 왠지 씁인찍게 느껴지는 이유는 무엇인까?

그것은 오바마 대통령이 대한민국 교육시스템의 단편만을 보고 평가한 것이지 학업이 사회에 기여하는 수준을 감안하지 않았기 때문일 것이다. 한국의 교육 현실을 너무도 잘 알고 있는 우리로서는 그런 칭찬을 듣고도 어색할 수밖에 없다. 교육이란 단지 지식만을 집어 넣는 것이 아니라, 그 지식을 실생활에 어떻게 적용하고 기여하는가가 중요하기 때문이다. 학교에서 배운 지식들이 사회와 직장에서 얼마나 활용되고 있는지를 깊이 생각해볼 일이다.

회사 역시 마찬가지이다. 똑똑한 사람을 뽑아 바보로

만드는 경우가 흔하다. 직원들이 가장 잘할 수 있는 일을 찾아서 할 수 있게 만드는 일이 기업의 역할인데, 사람을 뽑는 것에만 신경 쓰고 뽑아놓은 사람들을 세심하게 관리하는 시스템은 존재하지 않기 때문이다. 그러다 보면 직원들의 경쟁력은 조금씩 떨어지고 자신이 하고 있는 일에 대한 사명이나 희망을 찾지 못하게 된다.

잭 웰치는 GE의 최연소 최고경영자가 되어 GE를 세계 최고 기업으로 성장시키는 데 크게 기여했다. 잭 웰치가 GE를 20년 만에 세계 초일류기업의 반열에 올렸놓을 수 있었던 비결은 다름 아닌 교육이었다. 잭 웰치는 회장으로 있는 동안 연간 1억 달러가 넘는 돈을 직원들의 교육에 투자하였다. 그리고 크로톤빌 연수원을 지어 GE만의 경영철학을 전파함으로써 직원들로 하여금 조직의 방향성을 알게 했다.

크로톤빌 연수원은 다른 기업의 연수원들과 차이점이 있었다. 대부분의 과정을 현장에서 일하는 핵심간부들이 직접 가르치고, 교육과정을 설계할 때 교육생들의 의견을 적극 반영했다. 그래서 입교생이 현장에서 고민하고 있는 문제점을 먼저 체크하고, 그것을 해결하는 과정으로 교육

가치의 위드
With Value

프로그램을 구성한다. 교육과 현장과의 연계성을 높인 것이다. 따라서 교육으로 그치는 것이 아니라 현장에 바로 적용할 수 있는 생생한 교육을 실시한다.

또한 크로톤빌 연수원은 보다 현실적이고 창의적인 교육을 지향한다. 직원들이 스스로 낸 문제의 해답을 찾고자 자발적으로 교육원을 찾는다. 또 조직은 그 교육을 통해 그가 찾은 해답을 경력으로 간주해주고 인사시스템에 반영하여 직원들에게 동기를 부여한다. 무엇보다 중요한 것은 직원들 스스로 해답을 찾도록 만드는 문화이다. 누가 시켜서 하는 것이 아니라, 업무를 하면서 궁금한 것, 개선해야 할 문제들을 스스로 극복하게 하는 것이다. 그래서 자신의 일에 대한 더 강한 애착과 노력을 이끌어낼 수 있게 된다. 더불어 교육 프로그램에 녹아 있는 GE의 경영철학을 체득하게 하여 확고한 신념을 갖게 한다.

자전거 타는 법을 책으로 배운 사람은 아마 없을 것이다. 직접 자전거를 타고 수차례 넘어지고 일어서는 시행착오를 거쳐 몸으로 체득하는 것이다. 지식은 암묵지와 명시지로 구분하는데, 명시지가 언어와 문자로 얻어지는 지식을 말한다면, 암묵지는 자전거 타는 법과 같이 경험을 통해서 습득되는 지식을 말한다. 단편적인 지식들은 기억의 한계에 의해 시간이 지나면 쉽게 잊히지만, 경험을 통해 자기만의 방식으로 체득한 지식이나 노하우는 결코 가볍게 사라지지 않는다.

자전거 타는 법을 책으로 배운 사람은 아마 없을 것이다. 직접 자전거를 타고 수
차례 넘어지고 일어서는 시행착오를 거쳐 몸으로 체득하는 것이다. 지식은 암묵
지와 명시지로 구분하는데, 명시지가 언어와 문자로 얻어지는 지식을 말한다면,
암묵지는 자전거 타는 법과 같이 경험을 통해서 습득되는 지식을 말한다. 단편적
인 지식들은 기억의 한계에 의해 시간이 지나면 쉽게 잊히지만, 경험을 통해 자기
만의 방식으로 체득한 지식이나 노하우는 결코 가볍게 사라지지 않는다.

삶과 죽음을 가르는
스피드

치타는 땅 위에서 가장 빨리 달리는 동물이다. 시속 110~120킬로미터의 속도를 거뜬히 낸다. 사자나 표범은 먹이 앞 20~30미터까지 다가가서야 사냥을 개시하지만, 치타는 먼 거리에서도 쏜살같이 달려가 사냥할 수 있다. 그래서 치타의 사냥 성공률은 사자나 표범에 비해 월등히 높다.

치타의 주된 사냥감은 가젤이다. 이 동물은 몸집이 작고 워낙 속도가 빨라 다른 동물들이 쉽사리 사냥에 나서지도 못한다. 치타는 이 '틈새시장'을 주목했고, 가젤을 사냥하기에 적합한 구조로 신체를 진화시켰다. 최대한의 산소를 흡입할 수 있도록 폐를 넓혀 분당 호흡을 60회에서 150회로 증가시켰고, 좀 더 많은 혈액 공급을 위해 간과 동맥, 심장도 확대했다.

더 빨리 더 유연하게 뛸 수 있도록 다리와 등뼈는 가늘고 길게 바꾸었다. 바람의 저항을 줄이기 위해 턱과 이빨 크기를 줄이고, 몸무게도 40~50킬로그램으로 줄였다. 이런 나름의 '전문화'를 통해 치타는 세 걸음 만에 시속 64킬로미터까지 속도를 올리고, 1초에 7미터씩 3번 뛸 수 있게 됐다. 말 그대로 '바람의 파이터'가 된 셈이다.

역사상 가장 넓은 대륙을 소유했던 징기스칸의 최대 무기는 '스피드'였다. 그들이 파죽지세로 빠르게 이동할 수 있었던 스피드의 핵심은 바로 '말'이었다. 몽골군은 멀리 떨어진 전장으로 명령을 전달할 때도 말을 적극적으로 활용했다.

몽골제국에서 유럽 원정군에게 명령을 전달하던 파발마는 하루에 무려 350km를 달렸다. 이 파말마는 빠르게 전장 곳곳으로 명령을 전달하여 효과적인 작전 수행을 가

가치의 위드
With Value

능하게 했다. 그래서 징기스칸이 쳐들어올 것이라는 소문을 듣고 이제 막 전쟁 준비를 시작하던 유럽 대부분의 국가들은 전쟁준비가 끝나기도 전에 들이닥치는 몽골군의 기동력에 속수무책으로 당할 수밖에 없었다.

일본을 제패한 오다 노부나가 역시 스피드에서 둘째가라면 서러워할 인물이다. 1575년에 벌어진 나가시노 전투는 스피드와 스피드의 대결이었다. 오다 노부나가의 무기 화승총과 타케다 신겐의 기마부대 사이의 정면 승부였던 것이다.

화승총의 유효사거리는 100m 그리고 재장전 시간은 20초였고, 기마 부대의 100m 전진 시간은 12초였다. 화승총은 불을 붙이는 시간이 상당히 길었기 때문에, 빠르게 적진으로 치고 들어가 적을 무력화시킬 수 있는 타케다 신겐 부대의 승리가 더 유력해 보였다.

그러나 오다 노부나가는 이 승부가 스피드에 달려 있다는 것을 직감적으로 알아차렸다. 그는 화승총 병사를 3열로 배치하여, 쏘고 장전하는 시간을 기존 20초에서 7초로 단축시켰다. 스피드를 높이는 데에 전력을 다한 오다 노부나가 이 전투에서 승리를 거두고 전국 통일을 이뤘다.

현재, 기업 경영의 화두 역시 스피드이다. 시스코 시스템스Cisco Systems의 존 체임버스 회장은 "덩치가 큰 기업이 항상 작은 기업을 이기는 것은 아니지만, 빠른 기업은 언제나 느린 기업을 이긴다."라고 말했다. 오랜 역사나 거대한 규모를 가진 기업도 변화의 스피드를 따라가지 못하면 살아남을 수 없다. 누가 더 빨리 시작하는가, 누가 더 빠른 속도로 변화하느냐에 따라 기업의 흥망에 직접적인 영향을 미친다.

따라서 기업은 스피드를 저해하고 있는 것이 무엇인지 꼼꼼히 살펴 하나하나 제거해나가야 한다. 불필요한 절차를 만들어 시간을 낭비하고 있지는 않은지, 매년 실행 가능성이 낮은 사업계획에 많은 시간을 허비하고 있지는 않은지, 일상적인 내용으로 가득한 의미 없는 보고에 노력을 쏟고 있지는 않은지 체크하고 개선해야 한다. 목적과 필요에 따라 내용, 형식, 방법 등을 간략하고 명확하게 함으로써 합리성과 효율성을 제고할 수 있어야 한다.

가치의 위드
With Value

어쩌면 긴박한 속도를 요하는 이 상황이 협동조합에는 치명적인 단점이 되기도 한다. 신속한 자본조달, 의사결정 등 스피드 경영에 문제가 일어나기도 한다. 협동조합은 조합원 간의 상생과 원가경영을 추구하면서 자본조달의 어려움을 겪을 수밖에 없는 구조다. 또한 주식회사와 달리 사람 중심의 조직인 협동조합은 스피드 경영에 취약할 수밖에 없다. 게다가 규모의 경제를 추구하는 협동조합도 성장을 거듭할수록 거대 조직이 되어 간다.

협동조합은 항상 스피드를 의식하고 재고하는 노력을 기울여야 한다. 투명하고도 민주적인 협동조합의 가치 위에 속도감 높은 시스템이 자리 잡는다면, 그 어떤 기업보다 더 신속하면서도 좋은 결론으로 이끌 수 있기 때문이다. 협동조합으로서의 운영원리를 견지하는 동시에 스피드를 내기 위한 조직체계와 의사결정 시스템을 갖추는 것이다. 쉽지 않은 일이지만 반드시 해야 할 일이고, 가능할 것이라 믿는다.

거대했던 몽골제국의 몰락 역시 유럽과 아시아 전체를 정복할 수 있었던 우수한 스피드 시스템을 잃어가면서 찾아왔다. 승리에 취해 핵심 경쟁력을 소홀히 여겼기 때문이다. 변화의 속도를 쫓는 스피드를 끊임없이 점검해야 하는 이유이다.

03

모래 위에 쌓이는
진심

　히말라야 고산족들에게는 양을 사고팔 때 양을 고르는 독특한 방법이 있다. 대개는 양의 크기나 몸무게를 보고 고르는 게 보통인데, 방목해서 양을 기르는 이들은 양의 행동을 보고 선택한다. 산 중턱에 양을 풀어놓고 파는 사람과 사는 사람은 양이 풀을 뜯는 모습을 멀리서 지켜본다. 양들은 풀을 뜯기 위해 이리저리 흩어지는데 그때 흥정이 시작된다. 대체로 산비탈 위로 올라가는 양이 아래로 내려오는 양보다 훨씬 높은 가격을 받는다. 산비탈 위로 올라가면서 풀을 뜯는 양은 지금 당장은 산을 오르는 것이 힘들어도 계속해서 풀을 찾아 뜯어 먹을 수 있는 본능이 있다고 보기 때문이다. 반면, 산 아래로 내려가는 양들은 지금은 수월하게 풀을 뜯지만, 나중에는 협곡 아래에 이르러 굶어 죽을 수밖에 없다. 양들의 생존력을 판별하는 고산족들의 지혜이다.

기업 역시 생명력이 제각각이다. 어떤 기업은 화려한 성장에 비해 일찍 시들기도 하고, 어떤 기업은 굼떠 보이지만 우직하게 성장한다. 양들에게는 높은 선을 오르는 것이 생명력이라면, 기업은 존재 이유와 소비자에게 약속한 가치를 지켜내는 것이 생명력이다. 한때 일류를 자랑하던 기업들이 가치를 내세우며 성공의 반열에 올랐고, 이윤을 좇다가 패망의 길로 들어섰다. 가습기 살균제 사건을 겪었던 회사나 연비 실험결과를 속여 판매한 자동차회사는 이제 제아무리 좋은 제품을 내놓고 광고를 해도 예전과 같은 신뢰를 회복하기 매우 어려울 것이다.

'존 굿맨의 법칙'이라는 게 있다. 1970년대 마케팅 리서치 회사 TARP의 사장으로 있던 굿맨이 20여 개국 각종 브랜드 매장을 대상으로 한 불만과 재방문의 상관관계를 조사한 끝에 얻은 결론이다. 그 결론은 아무런 불만이 제기되지 않은 매장보다 불만이 제기돼도 불만 처리를 훌륭히 한 매장에 손님들이 다시 방문했다는 것이다. 불만 제기조차 되지 않은 매장은 10퍼센트의 재방문율을 보였으나, 완벽하게 불만 처리가 된 매장은 65%의 재방문을 보였다는 것. 이는 바로 평판의 중요성을 보여주고 있다.

최근 여러 기업들이 순항하다가도 서비스 부실, 기업 갑질 등으로 하루아침에 소멸되는 것을 보게 된다. 소셜 미디어가 발달하면서 기업의 상품과 서비스는 물론 그 기업에 대한 전체적인 평가를 소비자가 손쉽게 접할 수 있게 되었다. 과거에는 상품과 유통만 장악하면 시장 전체를 좌지우지할 수 있었지만, 이제는 그것만으로는 어려운 시대가 된 것이다.

가치투자로 유명한 워런 버핏은 기업에 있어 평판 관리가 매우 어렵고도 중요하다는 사실을 오래전부터 강조해 왔다.

"평판은 한 번에 모래 한 알씩 쌓인다. 가치관이 행동을 좌우하고, 행동이 평판을 좌우하고, 평판이 이윤을 좌우

한다. 하지만 그것이 무너지는 것은 한순간이다."

좋은 평판을 쌓는 데는 많은 시간이 소요되며 매우 어려운 일이다. 당장 뜯어먹을 풀들이 내리막길에 지천이라 자꾸 곁눈질하게 되는 것이다. 굴지의 기업들이 그 곁눈질 한 번에 사라져갔음을 잊지 말아야 할 것이다.

기업의 위기를 논하기 위해서는 재무제표보다 '국민과 소비자로부터 어떤 평판을 쌓아가고 있는가.'를 들여다봐야 한다. 내리막길에 널린 풀을 뜯어먹고 있은 시었을지 몰라도 머지않아 위험한 협곡이 기다리고 있다. 당장의 외형적인 성장에 눈이 멀어, 차곡차곡 쌓아야 할 평판을 뒤로 미루는 기업의 미래와 같다. 그것이 진정한 위기이다. 이제라도 방향을 전환해야 한다. 기업이 존재하고 있는 본질을 재인식하고 소비자의 목소리에 귀 기울여야 한다.

04
당연한 것으로부터의
혁신

요즘 학생들에게 "꿈이 뭐냐."고 물어보면 대부분 "좋은 대학을 나와서 좋은 직장에 다니는 것."이라고 말한다.

"좋은 직장에 다니면 뭐가 좋은데?"라고 다시 물으면, 돈을 많이 벌 수 있으니 행복할 것 같다고 대답한다. 마지막으로 "그렇다면 그 행복을 위해 지금 할 수 있는 것, 해야 하는 것은 무엇일까?"라고 물어본다. 답이 정해져 있는 듯한 이 질문에 학생들은 "당연히 공부죠."라고 대답한다.

기업의 경우도 마찬가지이다. 수많은 기업이 성공을 꿈

꾼다. 소비자의 선택은 곧 경제적 이익으로 연결되는 것이고, 기업의 성공을 위해서는 양질의 상품과 서비스를 내놓는 것이 당연하다. 마치 '좋은 대학에 가고 싶은 학생'이 지금 당장 최선을 다해 공부해서 성적을 올려야 하는 것과 같다. 물론 우리는 성공을 위해 '당연한 것'을 하는 것이 말처럼 쉽지 않다는 것을 알고 있다. 이런 당연한 것조차 제대로 해내지 못한다면 결국 망하게 된다는 것 또한 잘 알고 있으면서 말이다.

'당연한 것을 손해라고 여기는 세상'에서 우직하게 당연한 것을 최우선으로 고집하는 기업이 있다. 신용카드보다 가벼운 '베타 티타늄 안경테'를 생산하는 기업 로우로우 RawRow이다. 이 기업은 2011년에 자본금 2천만 원으로 시작한 영세기업이었다. 로우로우는 '날것Raw'과 '행렬Row'의 합성어로 '본질'의 '반복'을 뜻한다. "원형에서 시작해 쓰임새에 중점을 두어 디자인하고, 사용하기 편하게 만들기 위해 기본에 충실히 한다."는 철학을 브랜드에 그대로 담았다. 가방은 담기 편하고, 신발은 착용감이 편안하고, 안경테는 가볍게 만드는 데 중점을 둔 것이다. 제품을 만드는 기업으로서 소비자들이 원하는 '당연한 것'을 하고 있다.

그런데 이 기업이 젊은 소비자들로부터 호감을 얻게 된 이유가 하나 더 있다. 바로 판매하는 제품에 자신들의 회사명을 새겨 넣지 않고 제품을 생산한 협력업체 이름을 새겨 넣었다는 사실 때문이다. 가방, 신발, 안경 등의 제품에 '로우로우'라는 회사 브랜드 대신 생산업체의 이름을 새겨서 판매한다. 생산을 책임지고 있는 협력업체를 적극적으로 홍보해주고, 협력 기업들은 자신들의 회사 이름이 새겨지니 최선을 다해 최고의 제품을 만들어낸다. 그리고 자부심을 느낀다.

로우로우의 제품을 산 고객은 인터뷰에서 "나는 이 기업의 브랜드 가치를 함께 샀다. 그들은 이 안경에 협업다운 협업이라는 가치를 부여했고 그러면서도 기본에 충실한 안경이 됐다."고 말했다.

자기 것만 챙기겠다는 근시안적인 '갑질'에 머물지 않으면서 고객의 필요에 기초한 양질의 상품과 서비스를 제공한 것. 이것은 고객으로부터 '윤리적인 기업'이라는 호감을 얻을 수 있었고 이러한 이미지는 해당 기업의 제품을 지속적으로 구매하는 우호적인 소비자를 확보할 수 있게 한 것이다.

개인이든 기업이든 협동조합이든 성공을 위한 비결은 '당연한 것을 잘하는 것'이다. 만약 인적 자본으로 결합된 협동조합의 조합원이 조합을 이용하지 않는다면, 조합이 조합원과 조합의 이익을 우선시하지 않는다면 협동조합의 가치는 상실되고 협동조합의 존재가치는 땅에 떨어질 것이다. 모든 경영체는 본질적 가치를 버리면 존재가치도 함께 사라지게 된다.

05

비풍초똥팔삼

고스톱 좀 친다고 하는 사람들은 하나 같이 "고스톱이 인생과 많이 닮았다."고 말한다. 고스톱에서 인생을 보다니 고수는 고수인가 보다. 그 고수들의 명언 중에 특히 "아무리 좋은 패라도 다 손에 쥐고 있을 수는 없다."는 말이 가슴에 와 닿는다. 한참 빠르게 고스톱 판이 돌아가고 있는 상황인데, 좋은 패가 내 손에 있다. 내자니 아까워 우물쭈물하다가 시간 끈다고 욕먹기 딱 좋다. 이럴 때 필요한 말이 있다.

'비풍초똥팔삼'

결과가 어떻든 일 순간 번민을 사라지게 만드는 마법과도 같은 주문인 셈이다. 내게 소중한 것일지라도 그것이 나의 발전에 방해가 된다면 내려놓아야 한다는 것이다. 삶 역시 매 순간 선택해야 하고 선택하지 못한 나머지는 버려야 하니, 잘 버려야 얻을 수 있는 것은 인생이나 고스톱이나 마찬가지가 아닌가.

법정스님의 수필집 《무소유》에 보면 이런 일화가 있다. 법정스님은 어느 스님으로부터 난초 두 분을 선물 받았다. 스님은 난과 관련된 책을 읽고 비료를 주고, 철 따라 온도와 습도를 관리하며 애지중지했다. 그러던 어느 날 한여름 뙤약볕에 난초를 내놓은 채 깜빡하고 외출했다. 돌아와 보니 난은 바싹 말라 시들어 있었다. 스님은 오랜 장마 끝에 나온 햇볕이 크게 원망스러웠다. 법정스님은 이것이 곧 집착이 주는 괴로움임을 절절히 느꼈다고 고백했다.

"난을 가꾸면서 승가의 여행기에도 나그네 길을 떠나지 못한 채 꼼짝 못하고 말았다. 밖에 볼일이 있어 잠시 방을 비울 때면 환기가 되도록 들창문을 조금 열어놓아야 했고, 분盆을 내놓은 채 나갔다가 뒤늦게 생각나 되돌아와 들여놓고 나간 적도 한두 번이 아니었다. 그것은 정말 지독한 집착이었다."

그래서 그 애지중지했던 난초를 다른 이에게 넘겨주었는데, 서운함과 허전함보다 오히려 홀가분한 마음마저 들었다는 것이다. 수도자의 삶에 방해되는 것이라면 그것이 비록 아까워 버리기 어렵다 하더라도, 과감하게 내려놓을 줄 알아야 한다는 것이다.

'잘 버리는 것'은 기업에게도 아주 중요한 덕목이다. 톰 피터스는 저서 《초우량기업의 조건》에서 초우량기업으로 지목했던 43개 기업 중 3분의 2가 망하거나 그저 그런 회사로 전락하기까지 5년이 채 걸리지 않았다고 밝혔다. 여러 가지 실패 요인이 있지만, 특히 '버림의 원칙'을 충실히 이행하지 못한 이유가 가장 컸다.

오늘의 '신기술'이 내일에는 다른 신기술에 의해 곧바로 묻혀버리고 마는 시대이다. 기업의 혁신 사이클이 짧아지면 짧아질수록 의사결정의 리스크도 커지게 마련이고, 선도기업의 이익 역시 급격히 축소된다. 따라서 기업들에게는 끊임없이 낡은 사업방식과 업종을 버리고 변신할 수 있는 과감하고 신속한 의사결정 능력이 생존조건이 되고 있다. 생존하기 위해서는 '잘 버리는 것'이 관건인 셈이다.

피터 드러커 역시 "혁신은 버리는 데서 시작한다."고 말하며, "포기에 관한 결정은 매우 중요한 것인데, 대부분의 기업들이 가장 소홀히 여기고 있는 것이기도 하다."고 지적했다. 잭 웰치 또한 그가 지닌 가장 뛰어난 능력이 바로 사업을 정리하는 능력이었다. 분향기 때나, 사업 포트폴리오를 재구성하고자 할 때, 새로운 사업영역을 개척하는 것보다 기존 사업을 버리고 정리하는 것이 훨씬 중요하다는 것이다. 결과적으로 '무엇을 버릴 것인가?' '무엇을 깨뜨릴 것인가?' 그것을 찾는 일로부터 혁신이 시작된다고 할 수 있다.

버리지 못해 실패한 대표적인 기업으로 '코닥'과 '노키아'가 있다. 코닥은 세계 최초로 디지털카메라를 개발했음에도, 주력사업이었던 필름사업을 버리지 못해 결국 파산했다. 전 세계 휴대전화 시장의 블루칩으로 통하던 노키아는 스마트폰의 도래를 받아들이지 못했다. 이외에도 변

가치의 위드
With Value

화의 흐름 속에서 자신들의 사업만을 고수하며 버리지 못하다가 결국, 시장의 주도권을 넘겨준 기업의 사례는 수없이 많다.

반면, 자신들의 핵심영역을 버림으로써 성공한 기업들도 있다. '태양의 서커스'는 연 매출 1조 원이 넘는 세계 최고의 서커스 공연기업이다. 이 회사가 성공할 수 있었던 이유는 기존 서커스의 핵심요소들을 모두 버렸기 때문이다. 당시 서커스는 접시를 돌리거나 곡예사가 공중에서 아찔한 곡예를 펼치고, 동물들의 신기한 묘기들이 주된 공연이었다. 그러나 시대가 흐르고 유행이 지나면서 서커스 역시 사양산업이 되고 말았다. 태양의 서커스는 이런 흐름을 정확히 읽어 기존의 것을 버리고 새로운 콘텐츠를 과감히 선택했다. 서커스에 스토리텔링을 입히고 음악과 무용을 접목하여 서커스스럽지 않은 즐거움과 세련미 그리고 거기에 예술성까지 담아냈다.

아침에 집을 나서는 수많은 경영자들의 고민은 하나같다. '어떻게 하면 우리 기업의 지속적인 성장을 가능하게 할 수 있을까?'

잘 나가는 사업을 어떻게 더 발전시킬 것인지에 대한 고민도 있겠지만, 변화와 혁신의 속도가 빛과 같은 흐름 속에서 '언제까지 엔진이 고장 난 차를 손으로 밀고 가야 하는가'에 대한 고민이 더 클 것이다. 비단 사업 부문에서 뿐만 아니라, 기업 안에 존재하는 낡고 썩은 모든 것들을 어떻게 버릴 것인가를 늘 고민하고 실행에 옮겨야 한다. 그러기 위해서는 무엇보다 '버릴 수 있는 용기'가 우선일 것이다.

가치의 위드
With Value

아침에 집을 나서는 수많은 경영자들의 고민은 하나같다. '어떻게 하면 우리 기업의 지속적인 성장을 가능하게 할 수 있을까?' 변화와 혁신의 속도가 빛 과 같은 흐름 속에서 '언제까지 엔진이 고장 난 차를 손으로 밀고 가야 하는 가'에 대한 고민이 클 것이다. 비단 사업 부문에서뿐만 아니라, 기업 안에 존 재하는 낡고 썩은 모든 것들을 어떻게 버릴 것인가를 늘 고민하고 실행에 옮 겨야 한다. 그러기 위해서는 무엇보다 '버릴 수 있는 용기'가 우선이다.

06

어쩔 수 없는
절망의 벽

통계청에서 조사한 '2017년 사회조사결과'에 따르면 19~29세 젊은이들은 직장으로는 정부 기관, 직업으로는 공무원을 선호하는 것으로 나타났다. 젊은이들이 공무원을 선호하는 이유는 아주 단순하다. 첫 번째는 정년까지 보장되는 안정성, 두 번째는 치열한 다른 일반직업보다 편할 것이라는 인식 때문이다.

아마 젊은이들이 안정성을 최우선시하는 가장 큰 이유는 '실패를 두려워하는 마음' 때문일 것이다. 우리 사회는 실패했을 때 패배감을 너무 크게 인식시켜왔다. "실패

해도 괜찮아, 다시 하면 돼."라고 하면서도 정작 실패하면 패배자로 낙인찍고, 다시는 어떠한 믿음도 지원도 하려 하지 않는다. 그래서 실패 가능성이 있는 도전은 애초에 할 생각이 없고, 실패하면 쉽게 생을 포기하는 풍조마저 생겨났다.

2017년 3월, 영국 브랜드 다이슨이 한국에 첫 오프라인 매장을 열었다. 최초로 먼지봉투 없는 청소기를 생산하여 세계 청소기 시장을 석권한 다이슨은 그 이후에도 소음 없는 드라이기, 날개 없는 선풍기 등 획기적인 아이디어로 성장을 이어 나가고 있다. 이 성장 동력은 실패를 두려워하지 않는 다이슨의 조직문화에서 찾을 수 있을 것이다. 다이슨의 창업자 제임스 다이슨은 처음 청소기가 나오기까지 5,127번의 실패를 했고, 지금도 그의 명함은 CEO가 아니라, 최고기술자라는 직책으로 연구개발에 매진하고 있다.

마크 러팔로라고 하는 미국의 한 영화배우가 있다. 영화 '비긴 어게인'과 '어벤져스'의 헐크로 등장하는 이 배우는 아주 늦은 나이에 배우의 길로 뛰어들었다. 바텐더와

요리사 등을 10년 넘게 전전하면서 배우가 되고 싶다는 꿈을 포기하지 않고 수차례 오디션에 도전했다. 그가 오디션에 탈락한 횟수는 무려 800번이라고 한다. 게다가 그 숱한 탈락의 시련을 견뎌내고 마침내 단역으로 작품에 출연하게 될 무렵, 그에겐 또 한 번의 시련이 찾아왔다. 뇌종양 판정을 받은 것이다. 다행히 목숨은 건졌지만 그는 왼쪽 청력을 잃었고, 안면 마비까지 찾아왔다. 그런 그의 건강을 염려한 나머지 많은 주위 사람들이 도전을 만류했지만 그는 끝까지 배우의 꿈을 포기하지 않았다. 모진 재활치료를 견뎌낸 그는 지금 대스타가 되어 있다.

저것은 벽, 어쩔 수 없는 벽이라고 우리가 느낄 때
그때 담쟁이는 말없이 그 벽을 오른다.
물 한 방울 없고 씨앗 한 톨 살아남을 수 없는
저것은 절망의 벽이라고 말할 때
담쟁이는 서두르지 않고 앞으로 나간다.

도종환 시인의 '담쟁이' 일부이다. 이른 봄 담쟁이가 벽을 타고 올라가는 모습을 보고 있으면 감탄이 절로 나온다. 쉬지 않고 벽을 오르는 담쟁이, 수직의 벽면을 타고 오르면서도 뿌리를 내릴 수 있는 곳을 찾아 수천, 수만 번의 도전을 멈추지 않는다. 담쟁이는 바위와 콘크리트 벽도 두려워하지 않고 끊임없이 시도하며, 실패하면 과감하게 다른 길을 뚫는다. 마치 그 의지가 호랑이의 모습과 같다 하여 담쟁이를 파산호爬山虎라 부르기도 한다. 그런 담쟁이의 도전은 결국 담쟁이 넝쿨이 되어 우리에게 멋진 정취를 선사한다.

사회생활도 이와 다르지 않다. 위험을 무릅쓰고 도전하면 실패할 수 있지만, 시도조차 하지 않는다면 성공할 가능성은 아예 없다. 실패가 두려워 도전하지 않는 젊은이들에게 도전이 없으면 성공도 없다는 이치를 꼭 알려주고 싶다. 언젠가 그 수많은 도전과 실패의 역사가 분명 성공의 밑거름이 될 것이라 믿고, 패기 있게 도전해보라고 말이다.

07

미네르바
부엉이의 지혜

아무리 뛰어난 국가대표 선수도 슬럼프로 한 번 무너지면 다시 돌아오는 데 상당한 시간이 걸린다고 한다. 본인 스스로 과거 전성기의 자신과 비교해 부족한 것을 알게 되는 순간, 실력이 쉽게 나아지지 않고 패배감 또한 극복하기가 매우 어렵다. 캐나다 맥마스터대학교의 카린 햄프스 교수 연구팀은 "사람들은 같은 실수를 계속 반복하게 되면서 실수에 의해 익혀진 부정확한 것마저도 무의식적으로 학습해버린다."고 밝혔다. 한때 김연아 선수를 위협했던 일본의 피겨선수 아사다 마오는 트리플 점프에서

엣지 사용법이 잘못된 것을 알면서도 그것을 고치지 못해 결국 2인자로 선수 생활을 마감할 수밖에 없었다.

기업 경영에 있어서도 실수를 알면서 고치지 않아 위기로 이어진 사례는 매우 많다. 기업이 실수를 방치하거나 숨기기에만 급급하다 보면 그 책임은 어느새 사라지고 이를 두려워하지 않는 불감증만 남게 된다. 도덕적 해이Moral hazard가 초래되는 것이다. 더욱이 이런 실수가 소비자에게 큰 불행을 초래하는 원인이 된다면 이건 단순한 문제가 아니다.

2000년 미국의 도나 베일리는 포드 자동차를 타고 가다가 차가 뒤집혀 전신이 마비되는 사고를 당했다. 그런데 이 사건을 조사하던 중 자신과 같은 전복사고가 이전에 여러 번 일어났던 사실을 알게 되었다. 그래서 그는 포드사와 타이어 생산업체인 파이어스톤을 상대로 소송을 제기했다. 미국의 국토부에 해당하는 NHTSA가 조사한 결과, 다른 자동차 회사의 경우 타이어 문제로 인한 전복 사고율이 2~5퍼센트인 데 비해, 포드 차량은 13퍼센트로 2배가 넘는 것으로 밝혀졌다. 더욱이 이 두 회사는 이런

가치의 위드
With Value

문제를 수년 전부터 알고 있었는데 문제를 해결하지 않고 방치했던 것으로 드러났다.

포드사의 도덕적 해이는 여론의 뭇매를 맞았다. 이 사건이 첫 번째 실수가 아니었기 때문이다. 1978년에는 포드사에서 새로 개발한 소형차가 연이은 연료탱크 폭발사고를 일으켜 500명 이상 죽고 다쳤다. 그때도 포드사는 사고원인을 알고 있었지만, 결함 차량을 모두 보수하는 비용보다 실제 사고가 발생한 차량을 보상하는 것이 더 유리할 것이라 판단해 엔진 보호 장치를 달지 않고 계속 판매했다는 사실이 밝혀졌다. 20세기 초 혁신적인 대량생산 시스템을 통해 자동차 산업의 선두였던 포드사는 22년 전의 같은 실수를 다시 반복함으로써 연쇄적인 소송으로 인한 경영 위기를 맞이했다.

사람이든 기업이든 언제든지 실수할 수 있다. 하지만 실수가 발생했을 때 다시 같은 실수가 반복되지 않도록 노력하느냐 하지 않느냐에는 큰 차이가 있다. 과거의 것 중에 좋은 것은 더욱 발전시키고, 부족한 부분은 채워야 발전의 힘이 축적될 수 있다.

로마신화에서 미네르바는 전쟁과 지혜의 여신이다. 미네르바와 항상 함께 다니는 신조神鳥는 바로 부엉이인데, 미네르바의 부엉이는 밤에도 깨어서 볼 수 있는 특성 때문에 '지혜의 상징'으로 알려져 왔다. 미네르바가 지혜의 여신이 된 것도 바로 이 부엉이 덕분이다. 미네르바의 부엉이는 하루를 마무리하는 시점인 해가 질 무렵에 세상 곳곳을 날아다니며 사람들이 남기고 간 발자취를 살펴보고 사람들이 행동했던 이유를 상세히 더듬었다.

아침부터 낮까지는 분신하게 움직이는 사람들을 관찰하는 즉시 제대로 평가하기 어렵기 때문에, 일을 마친 황혼이 되어서야 지혜로운 관조를 시작하는 것이다. 철학자 헤겔은 "미네르바의 부엉이는 황혼이 저물어야 그 날개를 편다."는 말을 통해 '과거와 오늘의 현상들을 꼼꼼히 살피고 되새겨 이해할 때 미래를 얻을 수 있다.'는 의미를 전하였다.

기업에서도 미네르바의 부엉이와 같은 시스템을 끊임없이 개발하고 갖추어 나가야 한다. 불필요한 간섭이나 불편함을 만들라는 의미가 아니라, 모든 단위에서 꼼꼼히 살펴보고 문제점이 발견되면 즉시 대안을 만들어내기 위해 힘써야 한다는 뜻이다. 덧붙여 이 시스템이 지속적이어야 한다는 것이 중요하다. 일시적인 것이 아니라, 늘 존재해야 한다. 그리고 그 안에 기업의 핵심가치와 윤리 기준이 명확히 담겨 있어야 한다.

실수를 사전에 최소화하는 것 못지않게 중요한 것이 실수로부터 배우는 것이다. 신뢰는 쌓는 것보다 잃어버린 신뢰를 회복하는 것이 더 어렵다는 것을 명심해야 한다. 실수를 최소화하는 것이 신뢰를 쌓는 일이라면, 실수로부터 배워서 반복하지 않는 것은 신뢰를 회복하는 일이다. 어렵지만 중요한 일이다. 기업과 조직의 구성원 모두가 지혜의 부엉이가 되는 일을 게을리 해서는 안 되는 이유다.

08

단순화의
추진력

정태영 부회장이 부임하기 전, 현대카드는 총 32종에 달하는 다양한 신용카드 포트폴리오를 보유하고 있었다. 직원들조차도 어떤 카드가 있는 줄 모르고, 혜택과 기능도 여러 카드로 분산되어 있었다. 그는 그런 다종의 복잡한 신용카드들을 뚜렷한 특징이 있는 4종으로 단순화시켰다. 그리고 신용카드를 사용해서 얻을 수 있는 혜택들을 그 안에 집약시켰다. 동시에 라이프스타일을 상징하는 알파벳 브랜드를 전면에 내세워 현대카드를 쉽게 인식할 수 있도록 홍보를 해나갔다.

가치의 위드
With Value

복잡한 요소를 벗겨내자 고객들은 자신이 원하는 카드를 쉽게 선택할 수 있었고 현대카드를 사용하면 얻을 수 있는 차별화된 혜택들을 비로소 인식할 수 있었다. 곧 현대카드의 차별화된 서비스는 빠르게 입소문을 탔다. 단순화를 통해 소비자와의 단단한 연결고리를 확보한 것이다.

또한 복잡한 업무 프로세스도 단순화했다. "일상적인 현황 보고는 필요 없다. 습관적으로 제출하는 몇 장의 보고서를 위해 일하는 직원이 있으면 곤란하다."며 업무량의 15퍼센트를 줄이는 것을 목표로 조직을 개선해나갔다.

정태영 부회장의 단순화 성과는 눈부셨다. 2002년 1.8퍼센트에 불과하던 현대카드 점유율은 취임 후 7년 만에 16.3퍼센트로 상승했다. 그야말로 현대카드의 부흥기를 이루어낸 것이다. 그리고 여기에 만족하지 않고 또 다른 도전에 과감히 나선다.

"이제는 다르게 하는 것이 아니라, 다른 회사가 되는 수밖에 없다."

카드사 안에 IT와 핀테크까지 접목한 일종의 기업 단순화를 선언한 것이다. 제품과 고객, 의사결정, 그리고 관리체계까지 단순화하는 것은 더 이상 선택의 문제가 아니다. 생존을 위해 반드시 이루어내야 할 과제였던 것이다.

단순화를 통해 혁신을 이끈 사례는 또 있다. 세계 최대 기업 중 하나인 GE의 제프리 이멜트 회장은 "조직이 커지면서 중요하지 않은 일들을 너무 많이 하고 있다. 단순화는 직원들이 중요하지 않은 일에 맞서 정말 중요한 일을 함께 하도록 돕는다. 단순화는 조직을 더 날렵하게 만들고, 관료주의를 없애며, 시장에 완전히 집중하게 만든다."라고 조직의 단순화를 강조했다. 의사결정 단계를 줄여 통상 2년 이상이 걸리던 신제품 개발 기간을 1년으로 단축하는 한편, 고객이 바라는 것을 파악해 제품에 반영하면서도, 최대한 단순화시키는 과정을 끊임없이 해나가고 있다.

단순화가 이처럼 강력한 힘을 지녔음에도 불구하고, 여전히 많은 기업들은 단순화를 주저한다. 대부분의 기업들은 확실한 데이터 없이 중요한 결정을 내리지 않기 때문이다. 그래서 확실한 데이터를 쌓아가는 데 불필요한 조직을 만들고 의사결정 과정은 복잡해지기만 한다.

가치의 위드
With Value

협동조합도 마찬가지다. 조합의 크기가 커지고 다양한 사업영역으로 확대하면서 영역 간 경쟁은 물론 불필요한 의사결정 시스템과 보이지 않는 낭비가 발생한다. 이는 시간적 비용은 물론 새로운 가치를 추진할 혁신동력에도 타격을 가한다. 결국 다양한 가치를 훼손하지 않는 범위 내에서 협동조합 스스로 내부를 냉정하게 바라봐야 할 때다. 조직을 위한 조직이 되려 하거나 일을 위한 일을 하다 보면, 그 중심에 서야 할 것들이 빠져버리게 된다. 논리가 논리를 잡아먹고, 오히려 복잡한 것들이 그 논리를 지원한다.

조직이 커질수록 단순화의 가치를 더욱 중요시해야 한다. 신속하게 상황에 대응하기 위해서는 보다 명료한 경영지침, 간결한 의사결정 절차, 신속한 업무 처리가 조직 내부에 정착되어야 한다. 그리고 단순화의 추진력을 잃지 않을 수 있도록 조직문화에 뿌리내리고 구성원 모두가 함께 실천해나가야 할 것이다.

09

리더의 영혼

"우리는 이제 강하고 결연한 적에 맞서 죽음의 계곡에 들어갈 것이다. 귀관들 모두를 무사히 데려오겠다는 약속은 해줄 수 없다. 그러나 여러분과 하느님 앞에 이것만은 맹세한다. 우리가 전투에 투입되면 내가 맨 먼저 적진을 밟을 것이고, 맨 마지막에 적진에서 나올 것이다. 단 한 명도 내 뒤에 남겨두지 않겠다. 우린 살아서든 죽어서든 다같이 돌아올 것이다."

_영화 '위 워 솔저스We were soldiers' 中에서

이 연설은 1965년 11월, 베트남의 전략요충지였던 플레이메 이아드랑 계곡 전투에 참가했던 지휘관 무어 중령의 실제 연설 내용이다. 이 전투에서 무어 중령은 400여 명의 병력으로 무려 5배가 넘는 2,000명의 베트남 정규군과 맞서 싸워, 3일간에 걸친 사투 끝에 기적 같은 승리를 거두었다.

《나는 왜 이 일을 하는가?》의 저자 사이먼 시넥은 "좋은 리더는 조직원의 안전을 보장함으로써 신뢰와 협력을 얻어내는 사람"이라고 정의했다. 그는 미국 의회로부터 전쟁영웅 명예훈장을 받은 윌리엄 스웬스 대위의 사례를 예로 들었다. 스웬스 대위는 총알이 빗발치는 전쟁터에서 부상당한 전우를 구해 헬기에 싣고는 곧 바로 또 다시 다른 전우를 구하기 위해 목숨을 걸고 전장으로 뛰어들었다. 사이먼 시넥에 의하면, 소위 영웅이라 불리는 사람들에게 그 행동의 동기가 무엇인지 물어보면 일관된 대답을 들을 수 있다.

"그들도 저를 위해 그렇게 할 것이기 때문입니다."

무어 중령이나 윌리엄 스웬스 대위처럼 자신의 목숨을 걸고 이타적인 행동을 하는 사람들에게서 우리는 진정한 리더십을 느낀다. 그들의 이러한 이타적인 행동은 어디서 나오는 것일까? 사이먼 시넥은 "이런 행동은 인류가 외부의 위협으로부터 자신들을 보호하기 위해 서로 믿고 협력하는 과정에서 만들어 진 것."이라고 말했다. 성공을 저해하는 요소로 가득 찬 세상 속에서 시장의 불확실성, 새로운 기술, 강력한 경쟁자 등 대부분 우리가 통제할 수 없는 요소들인데 반해, 상대적으로 통제가 가능한 것이 바로 조직 내 환경이다. 그래서 현대사회에서는 조직을 운영하는 리더십이 특히 강조되고 있다. 리더가 구성원들에 대한 배려를 최우선시 하고 자기희생적 결정을 내릴 때, 구성원들은 더 큰 소속감과 안전함을 느끼게 되는 것이다.

안정감을 주는 리더는 부모와 같다. 부모는 아이가 성적이 떨어지면 학원을 보내기도 하고 문제집을 사주기도 하며 격려하고 훈육한다. 뛰어난 리더 역시 직원들을 격려하는 동시에, 일에 대한 기회를 지속적으로 제공한다. 자신감을 가지고 새로운 것에 도전할 수 있도록 하고, 실패까지도 포용해 더 많은 것들을 이룰 수 있도록 돕는다.

가치의 위드
With Value

나아가 결코 자신만 이득을 얻기 위해 직원들을 이용하거나 희생을 강요하지 않는다.

밥 채프먼은 미국의 기계제조업체 '배리 웨밀러'의 최고경영자이다. 글로벌 금융위기가 미국에 급격한 실물경기 침체로 번지던 2008년, 베리 웨밀러도 치명적인 타격을 받았다. 경기가 침체되자 고객사들은 설비투자부터 줄여 나갔고 베리 웨밀러의 매출은 30퍼센트나 감소했다. 손익 상황이 악화되자, 아니나 다를까 인력 구조조정안이 이사회 안건으로 올라왔다. 하지만 밥 채프먼은 가족 같은 직원들을 내보내는 것보다, CEO를 포함한 전 임직원이 돌아가면서 4주간 무급휴가를 떠나자고 제안했다. 최고경영자의 뜻밖의 제안에 직원들은 놀라지 않을 수 없었다. 그러자 직원들 사이에서 과거에는 전혀 찾아볼 수 없었던 협력들이 눈에 띄게 나타나기 시작했고, 생산성이 놀라울 만큼 향상되었다. 업무를 위해 밤낮없이 일하는 직원들은 물론, 경제적인 여유가 없는 직원들을 위해 자발적으로 무급휴가를 쓰는 직원들까지 생겨났다.

저가항공사의 신화를 창조한 사우스웨스트 항공의 창업자 허브 켈러허는 비행기 한 대로 세계적인 항공사를 만든 입지전적인 인물이다. 켈러허는 2008년 글로벌 금융 위기로 경영이 어려워지자 다른 항공사들이 직원들을 정리해고하고 구조조정을 하는 것과는 반대로, 오히려 '무해고'를 선언했다. 이를 통해 전 직원에게 한마음 한 뜻이 되어 위기를 극복하자는 메시지를 전했다.

직원들은 자신들을 최우선으로 생각하는 회사의 믿음에 대해 실천으로 보답했다. '회사는 다소 어렵고 불리한 처지이지만, 직원들은 지키고 보호해주겠다.'는 CEO의 리더십으로 인해, 직원들은 회사를 믿고 의지하게 되었으며 경영 위기를 극복하는 데 다 같이 앞장설 수 있었다.

진정한 리더는 자기희생을 통해 가장 먼저 위험을 감수하고 부하직원들을 안전하게 보호한다. 또한 직원들에게 진심이 담긴 영혼의 울림을 통해 '나는 당신의 어려움을 알고 있고, 당신을 도울 것이다.'라는 강력한 목소리를 전달할 수 있어야 한다.

참된 지도력은 지위가 주는 힘이 아니다. 권위란 내가 억지로 얻을 수 있는 것이 아니라, 다른 사람들로부터 인정받는 힘이기 때문이다. 리더의 헌신과 배려가 조직의 에너지를 결집시키고, 사명감과 동료애를 발휘할 수 있게 하는 원천이 된다. 이러한 리더가 더 많이 배출할 수 있는 교육과 인사관리시스템에 기업들의 더 큰 관심이 필요한 이유이다.

10

사소한
징후와 관찰력

영국의 심리학자 리처드 와이즈만은 스스로 운이 좋다는 사람들과 운이 좋지 않다는 사람들을 모아놓고 신문을 나눠준 뒤, 신문에 실린 사진을 세어보라고 했다. 리처드 와이즈만은 이 신문의 2페이지에 "더이상 세지 마세요. 이 신문에는 사진이 43장 있습니다."라는 문구가 작게 써놓고, 사람들이 이것을 알아챌 수 있는지 알아보기로 했다.

그 결과 스스로 운이 좋다고 하는 사람들은 대체로 이 문구를 발견했다. 반면 운이 나쁘다고 하는 사람들은 사진을 열심히 세느라 상당한 시간을 허비했다. 스스로 운이 좋다고 생각하는 사람들은 자신도 모르는 사이, 관찰 본능이 작동해 주변에 흩어져 있는 유용한 단서들을 쉽게 찾아낼 수 있었던 것이다.

관찰력이 좋은 사람들은 삶의 태도가 남다르다. 매일 똑같아 보이는 일상도 결코 가볍게 여기지 않고, 그 안에서 새로운 것을 발견해낸다. 또 항상 문제를 적극적인 관점에서 해결하고자 한다. 아마 이런 삶의 태도 때문에 그들에게는 운 좋은 일이 더 많이 생겨나는 것처럼 보이는 건 아닐까.

사람들은 같은 환경 속에서 같은 경험을 하더라도 각각 받아들이는 것이 다 다르다. 여럿이 함께 떠난 여행에서 분명 같은 경험을 했는데 서로의 경험담이 다른 것처럼 말이다. 아주 자세하게 그때의 상황과 감정을 기억하는 사람도 있고, 단순히 그곳에 갔었다는 사실만 기억하는 사람도 있다. 이 차이는 바로 관찰에서 비롯된다.

관찰력이 뛰어난 사람들은 남들은 그냥 지나치는 부분에서도 무언가를 발견한다. 세밀한 부분들을 유심히 바라

보고 관심을 보인다. 그렇기 때문에 자신이 보고 싶은 것만 보고, 기억하고 싶은 것만 기억하는 사람들보다 더 다양한 것들을 보고 듣고 느낀다. 특히, 문제와 맞닥뜨렸을 때 그것을 유심히 바라보고 생각하며 적극적으로 해결책을 만들어낼 수 있다.

2016년 11월 8일 새벽 5시, 후쿠오카 하카타역에서 지하철 연장공사가 진행 중이었다. 한참 굴삭 작업을 하던 중 공사현장에 물이 흘러들어오는 것을 본 직원 한 명이 급하게 뛰어나와 도로를 통제하기 시작했다. 잠시 후 공사현장에는 엄청난 일이 벌어졌다. 처음에는 도로 양쪽이 무너져 내리더니, 이내 도로 전체가 무너져 내리기 시작했다. 왕복 6차선의 큰 도로가 무너지면서 하카타역 앞에는 지름 30미터의 거대한 싱크홀이 생겨났다. 불과 5분만에 벌어진 일이었다.

그러나 이 사고에서 사상자는 단 한 명도 없었다. 인적이 드문 새벽이기도 했지만, 사소한 이상 징후를 발견한 직원의 뛰어난 관찰력과 신속한 판단이 더 큰 인명 피해를 막은 것이다.

허버트 윌리엄 하인리히는 "예측할 수 없는 재앙은 없다."라고 주장했다. 1번의 대형사고가 일어나기 전에는 29번의 작은 사고가 먼저 일어나고, 그에 앞서 300번의 경미한 잠재적 징후들이 나타난다는 이 법칙은 문제가 될 수 있는 현상이나 오류를 발견했을 때, 초기에 바로 신속하게 대처해야 한다는 의미를 담고 있다.

조직의 리더들이 '관찰력'을 가져야 하는 이유이다. 작은 것 하나에도 의미를 두고 소홀히 하지 않는 자세가 필요한 것이다. 더 많은 것을 보고, 더 많은 데이터를 모으고, 더 많은 패턴을 인지해낼 수 있어야 한다. 사람을 넘어지게 하는 것은 큰 돌이 아니라, 작은 돌부리이다.

사고는 예고 없이 갑작스럽게 발생하는 것이 아니다. 사소한 사고들이 도미노처럼 이어지고 최후의 도미노가 넘어질 때 가장 큰 치명타를 입게 되는 것이다. 큰 위기를 예방하기 위해서는 첫 도미노가 넘어질 때 혹은 넘어지고 있다고 인식한 시점에서 신속하게 문제해결에 발 벗고 나서야 한다. 우선, 최후의 도미노가 넘어지기 전에 앞선 도미노들이 넘어지고 있다는 것을 알아차릴 수 있는 관찰력이 필요한 것이다. '운 좋은 사람'들의 행운은 결코 하루 아침에 하늘에서 뚝 떨어진 게 아니라는 사실을 명심해야 할 것이다.

가치의 위드
With Value

작은 소문까지
듣겠다

요즘 '우문현답'이라는 사자성어를 "우리의 문제는 현장에 답이 있다."의 줄임말로 사용한다. 참 재밌기도 하고 뜨끔할 정도로 맞는 말이기도 하다. 현장을 떠나는 순간, 개인이나 기업의 문제 인식 및 해결력에 있어 현실감이 떨어지고 계획 설계는 탁상 위에 머무르게 될 것이다. 변하지 않으면 살아남기 힘든 시대다. 그리고 그 변화의 시작은 언제나 현장이고 그 종착지 또한 현장이라고 생각한다.

세계 전쟁의 역사에는 현장의 중요성을 엿볼 수 있는 사례가 많다. 제1차 세계대전은 그야말로 지옥의 묵시록이었다. 그 이전의 전쟁은 낭만적이라 여겨질 만큼 처참했다. 그중에서도 1916년 7월, 100만 명이 넘는 사상자를 낸 프랑스의 '솜Somme' 전투는 악명 높다. 전투에 실제로 운용되는 당시의 전술교범은 현실성이라고는 찾아볼 수 없는 전형적인 '탁상교범'이었다. 세부적인 작전과 전투운용은 과거를 그대로 답습하고 있었고 현장의 전투여건을 전혀 반영하지 못했다. 일례로 영국군의 시단 진술에는 "공격부대는 일정한 속도로 줄지어 전진해야 하며 각 열은 선행 열에 새로운 추진력을 공급해야 한다."고 규정되어 있었는데, 이 말은 전선에서 "후퇴없이 무조건 밀어 붙인다."라는 의미와 같다. 창이나 칼을 쓰는 전쟁에서나 쓸 만한 전술인 것이다. 영국군의 선두대열이 독일군의 기관총 공격에 처참히 무너지고 있음에도 지휘부는 이 탁상교범에 따라 후속대열을 계속해서 전진시킬 수밖에 없었다.

이후 제2차 세계대전에서 영국군은 전혀 다른 모습을 보여주었다. '사막의 여우'라 불리는 걸출한 독일군 장군 롬멜 때문에 북아프리카 전선의 영국군은 고전을 면치 못하고 있었다. 영국의 처칠 수상은 전세를 뒤바꿀 적임자로 당시 전장의 경험과 상황을 가장 잘 파악하고 있던 몽고메리 장군을 지목했다.

몽고메리 장군은 제일 먼저 현장을 살폈다. 전선에서는 연이은 패전으로 병사들의 사기가 말이 아니었다. 현장에 부임한 그는 사막의 지형과 독일군 동향을 면밀하게 파악하고 병사들의 소규모 전투를 일일이 챙겨가며 전략적으로 훈련시켜 나갔다. 오랜 전쟁으로 인해 보급에 문제가 발생하고 있다는 독일군의 치명적인 약점을 몽고메리 장군은 놓치지 않았다. 그리고 독일군은 영국군에 의해 북아프리카에서 완전히 내몰렸다. 그런데 여기서 재미있는 사실은 독일의 롬멜 장군 역시 철저한 '현장 중심'의 지휘관이었다는 것이다. 결국 이 전투는 뛰어난 장수들의 현장 감각이 맞붙은 싸움이었던 셈이다.

큰 소문이나 건의사항들은 굳이 현장에 가지 않고서도 충분히 전해들을 수 있다. 그러나 작은 소문은 반드시 현장에서만 들을 수 있다. 그리고 그것이 문제를 해결하는 데 아주 중요한 단서가 되기도 한다. 언제부터인가 우리는 의사결정에 속도를 낸다는 핑계로 발로 뛰고 확인하는 현장주의 문화보다, 귀로 듣고 정보만으로 판단하는 '책상물림' 문화에 익숙해져 있는 듯하다.

현장은 생각들이 모이는 곳이자, 조직이 발전하고 성장하는 데 필요한 생존법을 익히는 학습의 장이다. 책상에 앉아 아무리 현장의 보고를 듣고, 분석하고 지시하는 것보다 현장에 가서 한 번 눈으로 직접 확인하는 게 훨씬 더 효과적이다. 책상과 고객견해의 차이가 보정되는 장소, 솔직한 의견 개진 등은 현장에서 나오기 마련이다. 특히 중요한 의사결정을 해야 하는 절체절명의 순간에는 무조건 현장에 있어야 한다. 리더라면 항상 현장의 작은 소문까지 듣겠다는 '항재현장恒在現場'의 자세를 반드시 가져야 할 것이다.

사고는 예고 없이 갑작스럽게 발생하는 것이 아니다. 사소한 사고들이 도미노처럼 이어지고 최후의 도미노가 넘어질 때 가장 큰 치명타를 입게 되는 것이다. 큰 위기를 예방하기 위해서는 첫 도미노가 넘어질 때 혹은 넘어지고 있다고 인식한 시점에서 신속하게 문제해결에 발 벗고 나서야 한다. 우선, 최후의 도미노가 넘어지기 전에 앞선 도미노들이 넘어지고 있다는 것을 알아차릴 수 있는 관찰력이 필요하다.

· 참고문헌 ·

강현정·전성은, 《거창고 아이들의 직업을 찾는 위대한 질문》, 메디치미디어, 2015.

곽재선, 《간절함이 열정을 이긴다》, 미래의창, 2013.

김난도, 《아프니까 청춘이다》, 쌤앤파커스, 2010.

김선호, 《앎》, 모아북스, 2015.

김영기, 《간절함으로 운명을 이겨라》, 책읽는달, 2017.

김정구 외 4명, 《2018 트렌드 노트》, 북스톤, 2017.

김한준, 《위기를 기회로 바꾸는 현장의 힘》, 한국경제신문사, 2016.

김환표, 《트렌드 지식사전2》, 인물과사상사, 2014

다카하라 게이치로, 《현장이 답이다》, 서돌, 2007.

다케우치 가즈마사, 《엘론 머스크. 대담한 도전》, 비즈니스북스, 2014.

로버트 R. 업데그래프, 《평범한 아담스》, 달과소, 2004.

로빈 스튜어트 코츠, 《행동이 성과를 만든다》, 비즈니스맵, 2008.

멜 로빈슨, 《5초의 법칙》, 한빛비즈, 2017.

문유석, 《개인주의자 선언》, 문학동네, 2015.

박종평, 《이순신. 지금 우리가 원하는》, 꿈결, 2017.

백사선, 《난세, 사람이 답이다》, 리드잇, 2012.

세스 고딘, 《지금 당신의 차례가 온다면》, 한국경제신문사, 2016.

송진구, 《포기 대신 죽기 살기로》, 책이있는마을, 2012.

스탠리멕크리티컬 외 3명, 《팀 오브 팀스》, 이노다임북스, 2016.

시오노 나나미, 《로마인 이야기》, 한길사, 1995.

안병민, 《경영 일탈 정답은 많다》, 책비, 2016.

엘린 스프라긴스, 《인생의 낯선 길을 헤매고 있는 너에게》, 북하이브, 2011.

엘렌 랭어, 《마음의 시계》, 사이언스북스, 2011.

오세웅, 《오래된 생각을 설득하라》, 디퍼런트, 2014.

오세웅, 《엘론 머스크의 가치 있는 상상》, 아틀라스북스, 2014.

유발 하라리, 《사피엔스》, 김영사, 2015.

윌리엄 파운드스톤, 《당신은 구글에서 일할 만큼 똑똑한가?》, 타임비즈, 2012.

이기주, 《말의 품격》, 황소북스, 2017.

이민영, 《마법의 18분 TED처럼 소통하라》, 비즈니스맵, 2012.

이지성, 《18시간 몰입의 법칙》, 맑은소리, 2009.

정재영, 《철학의 숲, 길을 묻다》, 풀빛, 2012.

정현천, 《포용의 힘》, 트로이목마, 2017.

정민, 《미쳐야 미친다》, 푸른역사, 2004.

질리언 테트, 《사일로 이펙트》, 어크로스, 2016.

페이건 케네디, 《인벤톨로지》, 클레마지크, 2016.

피터 센게, 《학습하는 조직》, 에이지21, 2014.

하세가와 에이스케, 《일하지 않는 개미》, 서울문화사, 2011.

· 저자소개 ·

김병원

제23대 농협중앙회 회장. 전남대학교 대학원에서 농업 경제학 박사학위를 수료하였다. 나주 남평농협 제13대, 제14대, 제15대 조합장을 역임하였고, NH무역 대표. 농협양곡 대표를 거쳐, 현재의 자리에 와 있다. 더불어 농촌 사랑 범국민운동본부 상임공동대표와 국제협동조합농업 기구(ICAO) 회장도 맡고 있다.

그는 이 책에서 협동조합의 경영 원리를 통해 협동조합과 기업 운영의 본질에 대한 깨달음을 제시하고 있다. 각종 비리와 갑질 행태, 비윤리적 영업 관행 등 왜곡된 자본주의로 인한 고질적인 사회 병폐가 기업의 성장 동력을 약화시키고 있는 지금, 자본이 아닌 '사람' 중심의 '공동' 가치를 실현해가는 '협동조합적 경영 원리'를 그에 대한 해법으로 보여주는 것이다.

그는 "함께하는 것만큼 강한 힘은 없다."라고 강조한다. 뛰어난 한 명의 '리드'보다 공동의 가치를 추구하는 모두의 '위드with'가 더욱 강력하다는 것. 이른바 4차산업혁명과 초연결시대에는 협동조합이 가진 상생과 협동의 가치가 핵심가치로 부상할 것이라고 전망한다. 공정함과 민주적 가치에서 탄생한 협동조합이 위기에 봉착한 기업과 개인에게 새로운 성장 모델이 될 수 있음을 시사한다.

현재 그는 농협이념중앙교육원을 통해 농협 구성원들과 함께 협동조합의 정체성과 가치를 확산하는 데 힘쓰는 한편, 나아가 '또 하나의 마을 만들기 운동'으로 도시와 농촌 간의 교류를 확대하는 데 앞장서고 있다. 농민과 농촌 나아가 국민의 농협으로서 '위드'의 가치를 실현하고 있는 중이다.

위드히라

2018년 3월 14일 초판 1쇄

지은이·김병원

펴낸이·김상현, 최세현

책임편집·김형필, 조아라, 양수인 | 디자인·김애숙

마케팅·김명래, 권금숙, 양봉호, 임지윤, 최의범, 조히라

경영지원·김현우, 강신우 | 해외기획·우정민

펴낸곳·(주)쌤앤파커스 | 출판신고·2006년 9월 25일 제406-2006-000210호

주소·경기도 파주시 회동길 174 파주출판도시

전화·031-960-4800 | 팩스·031-960-4806 | 이메일·info@smpk.kr

ISBN 978-89-6570-606-9 (03320)

(CIP제어번호:CIP 2018006948)

쌤앤파커스(Sam&Parkers)는 독자 여러분의 책에 관한 아이디어와 원고 투고를 설레는 마음으로 기다리고 있습니다. 책으로 엮기를 원하는 아이디어가 있으신 분은 이메일 book@smpk.kr로 간단한 개요와 취지, 연락처 등을 보내주세요. 머뭇거리지 말고 문을 두드리세요. 길이 열립니다.